随园班主任小丛书　　总主编　齐学红

# "慧"沟通

## 家校沟通有讲究

陈海宁　杨　学　编著

HUIGOUTONG

復旦大學出版社

# 总序：看见学生，看见自己

策划"随园班主任小丛书"的想法有两个原因：

一是从班主任工作实际出发，为广大一线班主任量身打造一套短小精悍、易于操作、方便携带的实用指导书，是自己从事班主任研究近20年形成的研究自觉和教育初心。一线班主任老师长期处于实施教学与管理、协调校内外各种教育关系、落实学校各项工作的关键岗位，往往无暇、无力对自己的班主任工作进行审视和反思，从事班主任研究更是奢望；他们面对大部头的教育理论书籍，更是望而却步，敬而远之；他们渐渐地在大量事务性工作中迷失了自我，进而产生了职业倦怠现象。因此，为一线班主任老师提供好的指导用书，成为自己多年的心愿。

二是源于自己的读书经历。早在1984年，我自己初为人师，在中学教语文的同时担任班主任工作。虽然是师范院校毕业，但那时既不会教书也不会做班主任。在图书资源贫乏的80年代，除了基本的教学参考书之外，读到的唯一一本教育经典著作是苏霍姆林斯基的《给教师的一百条建议》，正是这本书开启了我对教育研究的热爱。除此之外，当时还有一套人文社会科学的启蒙之作叫"五角丛书"：五毛钱一本，书的开本不大，可以装在口袋里；内容涵盖了许多人文社会科学的经典著作，对我而言是人文精神的启蒙，至今仍难以忘怀。自己从教30多年，仍能保持热爱教育、热爱学生的初心,是与人文思想的启蒙分不开的。在我看来,对于生活在这个日渐浮躁时代的年轻教师而言,教育教学方法、班级管理经验的习得与积累固然重要,更重要的是需要人文精神的启蒙。只有明白了何为教育,为何而教,何为社会,何为人生以及一个人如何追求生活的意义和价值,才能履行教育事业应有的人类文明、文化传承的使命。而这样的人文社会科学思想的启蒙,要比具体的教育教学方法更重要。从阅读"五角丛书"到编写"随园班主任小丛书",承载了一位从中学教师成长为大学教师的教育学者的教育梦。

因此,这套小丛书的编写并不局限于班级教育与管理的方法策略层面,而更多的是从班主任的生命历程出发,呈现这些方法策略是何以诞生的,它们与作为具体生命存在的班主任的生活史、成长史密不可分。从小丛书的几本书名来看——《初任也智慧——初任班主任的 11 个第一次》《让我看见你——学生问题教育诊疗》《"慧"沟通——家校沟通有讲究》《1 加 1 大于 2——家班共育有创意》《真体验,真发展——班级特色活动设计》——都是从优秀班主任成长历程中的关键事件出发,发掘自身生命成长的重要元素,进而为年轻班主任老师提供可资借鉴的实践智慧。

例如,《初任也智慧——初任班主任的 11 个第一次》一书,选取初任班主任的 11 个第一次:第一次见面会,第一次排座位,第一次订班规、选班委、开班会、组织活动、处理突发事件,第一次开家长会、家访,第一次写评语等关键事件;写作体例主要包括几大板块:"成长案例""教师说""学生说""家长说""专家说""带班小窍门""我的思考"。通过案例分析,多角度、全方位地看待初任班主任成长中一个个看似平常的小事件可能蕴含的大智慧,以及对于班主任个人成长的意义和价值所在。

《让我看见你——学生问题教育诊疗》一书,旨在帮助更多的老师增强因材施教的意识与能力,掌握更多的了解学生、"看见"学生、解读学生的方法,通过收集学生多方面的信息,为日益复杂多变的学生问题把脉。其中传递出的发现学生、与学生一起成长的意识,以及研究学生、读懂学生的方法策略是难能可贵的。

参与这套小丛书编写的作者,是南京师范大学班主任研究中心"随园夜话"的核心成员以及长期的合作伙伴。他们有着丰富的班主任工作实践经验,其中大多数是名班主任工作室的主持人或成员,他们对班主任工作抱有的教育热情、专业精神与研究态度,可以为广大一线班主任提供很好的示范作用;其中呈现的方法策略和实践智慧,具有很强的指导作用。希望广大读者在这套丛书中看见学生、看见自己,共促师生生命成长!

南京师范大学班主任研究中心教授、博导

齐学红

写于南京朗诗国际

2022 年 10 月 3 日

# 目 录

序 / 001

## 一 家校沟通，多方视角 / 001
1 话说"家校沟通" ······ 001
2 家校沟通"面面观" ······ 007

## 二 家校沟通，案例分享 / 013
1 遇事"冷一冷"——与"冲动型"家长的沟通 ······ 013
2 孩子厌学，妈妈崩溃——与"求助型"家长的沟通 ······ 021
3 "回避"≠"逃避"——与"回避型"家长的沟通 ······ 029
4 家长护短，推卸责任——与"护短型"家长的沟通 ······ 041
5 望子成龙的爸爸——与"专家型"家长的沟通 ······ 051
6 让焦虑归于平和——与"焦虑型"家长的沟通 ······ 058
7 卸下"完美"，走向更美——与"完美型"家长的沟通 ······ 071
8 倾听、互信、鼓励——与"沉默型"家长的沟通 ······ 081
9 解读情绪，同理共情——与"抱怨型"家长的沟通 ······ 090
10 不行？行！——与"悲观型"家长的沟通 ······ 101

### 三　家校沟通，方法艺术 / 110

1　家校沟通，有规可循 ········································· 110

2　家校沟通，有法可依 ········································· 115

### 后记 ··································································· 121

# 序

能够参与随园班主任小丛书的编写,是个期待,也是个意外。早些年,看到了南京师范大学齐学红教授组织并指导"随园夜话"骨干老师先后编写并出版了许多班主任工作相关书籍,自己非常羡慕,总期待着这样的机会。2021年年初,接到杨学老师的电话,问我是否愿意参与关于"家校沟通"一书的编写,我一口答应。一来这是自己期待的机会;二来自己工作多年,在家校沟通上,积累了一些经验与方法,迫切想与年轻教师们分享。

班主任工作是一项具有专业性、实践性、艺术性的工作。班主任在工作中要成为沟通高手,家校沟通则是达成"家校合作,协同育人"的重要途径之一。也许我们已经阅读过许多关于家校合作的书籍,接触过许多关于家校合作教育的专业理论或宏大叙事,但对刚刚参加工作的班主任来说,可能更需要的是能够最直接用于实践、用于工作的方法。这样的方法不是空洞的解说,也不是机械的模仿,而是借助一线班主任与不同类型家长沟通的实例,从他们的得失成败中,从他们的总结反思中,真切地帮助新班主任去学习有效的沟通技巧。

对家校沟通,我们有以下几个关键论点,这些论点也是我们编写本书的基本思路。

其一,沟通在细节中。家校沟通的矛盾在哪里?家校沟通的效果如何?实际的家校共育效能是如何一步步实现的?教师与家长正在进行着什么样的交往？这些问题决定着沟通是否成功取决于细节。我们没有从理论陈述中去表达，而是通过实际、真实的案例，去看看一线班主任们如何与家长沟通，如何与学生交往，如何应对各种各样"难缠"的家长，如何处理一个又一个棘手问题。在这个过程中，我们去诠释家校沟通的语言细节、时间细节、情绪细节、情境细节等，这样，沟通艺术也就在细节中"百花竞芳"。

其二，共育在沟通中。当我们都意识到家校合作、协手共育对于学生教育有着举足轻重的作用时，如何构建和谐的合作关系，开拓畅通的共育渠道，奠定信赖的合作情感，又成为班主任工作的困惑。其实，一切合作来源于"有效沟通"。新班主任要在自己亲历亲为的实践中，去经历沟通的酸甜苦辣，去寻找家校沟通的方法，去积累家校沟通的经验，这是一个艰辛漫长的过程。我们希望这本书，能帮助年轻班主任们在较短时间内获得家校沟通的策略，开展有效沟通，为共育奠定基础。

其三，信任在沟通中。教师与家长的矛盾往往是因为教育目标、教育方法、教育期待不一致而造成的。但是，无论是什么类型的家长，都是爱孩子的；无论是什么样的老师，都是期待教育好孩子的。在这一点上，教师与家长是一致的。我们想告诉新班主任们，如果在家校沟通中，能够把握好这个一致性，那么即使有分歧，最后应该都能达成理解与共识。也就是说，只要班主任真心对待孩子，真诚沟通，家校之间就没有不能逾越的鸿沟，就能搭建信任的桥梁，成长为家长信任的优秀班主任。

其四，成长在沟通中。很多年轻的新班主任，畏惧"家校沟通"。可是，如果细读本书中的案例，大家会发现，家校合作的三个主体——孩子、家长、教师，在一次又一次的家校沟通中，彼此都在成长着。当孩子上学时，父母就有了另一个新名字——"家长"。如果这是一份职业的话，那么父母的工龄和孩子的学龄是一致的。解决孩子在成长中出现的问题，就是教师与家长学习合作、解决问题的过程。这个过程一定是"三方成全"的成长过程。在沟通中，班主任首先自己了解情况，把握机会，掌握方向，然后才能胸有成竹地与家长沟通。家长在沟通中，与老师协商解决问题的方法，获得更专业的家庭教育理念。学生在沟通中，获得更好的教育环境、教育氛围，从而向着正确方向发展。那么，即使沟通需要花费很多时间与精力，也是值得的。

其五，魅力在沟通中。有的时候，有经验的班主任们与家长沟通的过程，也是优秀班主任魅力得以彰显的过程。我们往往会惊讶于那如"教科书"般的沟通技巧，会对班主任产生由衷的敬佩。为什么家长被他们的言语感染而意犹未尽？为什么家长与他们交流时如朋友般平和？为什么他们给予的建议家长乐于接受？仔细研究发现，都是班主任具备了专业的教育技术、真诚的沟通情感、巧妙的沟通方法，在建立了和谐的师生关系后赢得了家长的信任，让自己成为家长喜欢的班主任。他们的家校沟通让我们真切感受到了教育的无尽魅力。

希望新班主任们将阅读与实践相结合，不仅知道家校沟通要体现艺术性，也能够积累出具体方法；不仅了解家校沟通的原则性，也知道如何去操作。另外，注重"沟通"，在细节上提升"有效性"，达到"家校合作，协同育人"，帮助孩子获得学习与生活的快乐，更让自己获得专业成长的职业幸福。

陈海宁

2023 年 2 月

# 一  家校沟通，多方视角

## 1  话说"家校沟通"

每次对新班主任进行培训时，问年轻老师们对于即将走上的班主任工作岗位，最担心的、最缺乏信心的是什么？他们的回答基本上集中在两个方面——"问题学生"与"家校沟通"。在实际工作中，也经常会看到一些年轻的新班主任们，因为与家长沟通不当而引发家校矛盾，气恼、委屈、无助、焦虑、担忧这样的情绪也经常困扰着他们。不到万不得已，这些新班主任们很少主动与家长沟通。

可是，家校沟通又是教育不可缺少的途径之一。这是为何呢？

### 一、什么是"家校沟通"

沟通是一个人的能力，要想在班主任工作中取得好的教育效果，除了做好自己手头的教育教学工作外，还需要很好地跟他人沟通。这里的"他人"，包括学生、家长、领导、科任老师等。

"××妈妈,××最近家庭作业书写有点马虎,我想了解一下她在家里完成作业的状况。"

"×老师,我家孩子这几天回来心情不好,说同座位的总是会用胳膊捣她,让她无法集中学习,老师能不能给她换个座位啊?"

这样的话语,我们班主任一定不陌生,都是家校沟通中出现频率比较高的话语。不难看出,"家校沟通",简单地理解,就是老师与家长围绕孩子学习、生活、成长、心理等方面进行的信息、思想与感情的传递和反馈的过程,以求在教育上达成一致和感情的通畅。再往细处分析,"家校沟通"还可以说是:学校与家庭在围绕"一切为了孩子"的共同教育目标之下,老师与家长通过彼此沟通,拓展自己与家长的关系网络,发展班主任工作中的家庭支持系统;避免家校之间无谓的争论,不伤双方的感情,减少因误解所造成的压力,克服愤怒、恐惧、不满等有害情绪,促进身体健康;使家长感受到老师的尊重和理解,能够迅速激发家长对老师的理解,从而自愿地给予更多的教育协助,发展家校共育的合作关系,实现共同教育目标。

说明:书中插图均由南京市钟英中学2019级周兴一同学创作、绘制。

有效的家校沟通如同一缕温暖的阳光,让教育有生机和活力,让孩子的学习成长有幸福的保障。

家校沟通，应该是双向的，既是老师主动与家长的沟通，也包括家长主动与老师的沟通。按照班主任工作需要，本书主要从"老师与家长的沟通"角度，去探究家校沟通的相关技巧与方法。

## 二、为什么需要"家校沟通"

我们都知道，每一个孩子的学习与成长，离不开家庭教育、学校教育、社会教育。家庭是人生的第一所学校，家长是孩子的第一任老师。

习近平总书记在关于注重家庭家教家风建设的重要论述中，强调要强化家庭的主体责任，营造注重家庭、注重家教、注重家风的良好外部环境，汇聚起家庭文明建设的强大合力，使千千万万个家庭成为国家发展、民族进步、社会和谐的重要基点。家庭生活中父母对儿童的教育和影响，对其良好行为习惯、思想品德、价值观的形成，对健全人格培养等都具有基础性作用。所以，家庭教育是学校教育和社会教育的基础。

越来越多的家长和老师意识到，真正培养好教育好学生，促进学生健康成长，不是学校教育单方面所能进行的，更需要家庭和社会携手共育。缺少家校沟通就没有成功的家校合作，老师与家长之间的关系，就会处在疏远、僵硬、隔阂、冷漠的状态，可能会出现误解、扭曲的局面，给教育工作和生活带来极大的害处。所以，家校沟通就显得尤为重要。

家校沟通就是基于这样教育背景下的一种重要的、有效的、必需的教育途径和方法。

### 1. 家校沟通是有效的教育途径

班主任无论是教育工作还是班级管理工作，一旦发现问题，只有从问题的实际出发，了解原因，寻找方法，才能解决问题，而在家校沟通中获得的信息相对来说是最及时、最前端、最实际、最能够反映学生状况的信息。在班级教育中出现的各种各样的问题，如果单纯地从问题的表面现象来解决问题，不深入了解问题本质状况，或许根本无法解决问题，甚至会给学生带来新的伤害。人民教育家陶行知说过,要把学校与家庭构成一体,彼此来往,教师不再孤立,学校也不再和社会隔膜,才能真正地通过教育的电流碰出教育的火花,发出教育的力量。

**2. 家校沟通是学生全面发展的需要**

苏联教育家苏霍姆林斯基曾把"学校"和"家庭"比作两个"教育者",认为这两者"不仅要一致行动,要向儿童提出同样的要求,而且要志同道合,抱着一致的信念"。完成教育目标,促进学生全面发展,学校教育虽然起着主导作用,但有其局限性:在教育内容上,不能够满足学生多方面成长的需求;在时间、空间上也无法做到周全。因此,家校沟通成为学生全面发展的需要。

从家长角度来看,积极主动地进行家校沟通,可以及时了解孩子在学校的表现和学习生活情况,并配合学校处理孩子出现的问题。从教师方面来看,教师是教育专业人员,具有丰富的教育知识和教育经验,有能力在家庭教育理念和方法上给予家长合理的建议和指导。

在教育活动中,家庭和学校应相互支持、共同努力,加强沟通,形成合力,才能够在教育上明确各自教育责任,达到目标一致、方法互动、内容互补,为孩子全面发展提供重要保障。

**3. 家校沟通是整合教育资源的需要**

为了更好地开展班级教育工作,班主任应该树立整合教育资源的意识,调动一切可以调动的力量,主动向学生、科任老师、家长和社会借力,充分利用班级教育资源、家庭教育资源、社会教育资源来优化教育。班主任要全面关心学生的成长,必然要关心学生在家庭、社会中的表现,要将学校的教育力量、家庭的教育力量与社会的教育力量协调起来,形成教育合力,促进学生的全面发展。教育部《关于加强家庭教育工作的指导意见》就指出,要不断加强家庭教育工作,进一步明确家长在家庭教育中的主体责任,发挥学校在家庭教育中的重要作用,加快形成家庭教育社会支持系统,推动家庭、学校、社会密切配合,共同培养德智体美劳全面发展的社会主义建设者和接班人。因此,家校沟通就成为整合教育资源的需要,成为开发家庭教育资源、指导家长教育的重要途径。

**4. 家校沟通是构建和谐家校关系的需要**

家庭与学校都担负着教育孩子健康成长的重任。家庭教育主要是家庭成员,尤其是父母等长辈通过言传身教和家庭生活指导,潜移默化地给予孩子各种教育。而学校教育是教师通过课堂、活动、实践等形式,对学生进行正面的思想品德教育和系统的文化科学知识教育,培养学生德智体美劳全面发展的社会活动。教师与家长的关系是一种重要的教育资源,和谐的关系促进优质的教育。

如果我们能通过家校沟通这个途径,有效地在家庭和学校之间,构建和谐家校关系,更好地开发"家校关系"这一教育资源,那么,也就获得了对学生教育的重要支持力量。

**5. 家校沟通是班主任必备的专业技能之一**

班主任,是一项具有专业性的工作,要具备专业道德、专业认知、专业技能。而班主任的专业技能中就包括人际沟通与交往能力,其中就包含着"家校沟通"能力。

教育部《关于进一步加强班主任工作若干意见》中指出,班主任是家校沟通的桥梁。这座沟通桥梁怎么搭建?与家长沟通,班主任可以做什么?不能做什么?怎么去做?要遵循哪些原则?这些都是专业能力的体现。所以,家校沟通也是教师自身知识潜力、表达潜力、行为潜力、教育潜力的综合表现。

俗话说:"一句话说得人笑,一句话说得人跳。"同样一句话由于表达方式不同,产生的效果也不同。很多问题可能因为沟通的时间、方法、态度存在问题或不足,造成新的问题出现。有些问题,也可能在理解、宽容和积极的沟通中,找到最有力的方案,迎刃而解。所以,有效的、良性的家校沟通,可以帮助实现教育资源整合,协调家校关系,促进教育目标完成,为学生全面健康成长,营造一个和谐的教育环境和氛围。

### 三、"家校沟通"为何出现矛盾

教师与家长教育合作是建立在"平等合作"基础之上的,虽然大多数教师和家长能意识到这一点,但是在沟通交往中也不可避免地会产生家校矛盾。关于家校矛盾,社会上各种看法都有。有的指责教师职业素质差;有的批评家长不懂教育。事实上,绝大多数老师爱岗敬业、关爱学生,对工作认真尽责,而更多家长的综合素养也在不断提高,蛮不讲理、刁钻刻薄的家长毕竟是极少数。

那么,教师与家长之间的沟通问题出在哪里呢?主要有以下几个方面。

一是教育责任模糊。当孩子出现问题后,教师和家长双方可能出现责任推诿的情况,会相互责备对方。有的老师认为问题孩子背后一定有问题家长,有的家长盲目地认为把孩子送进学校,教育就归于学校了,就漠不关心。这样的教育责任模糊,就会造成家校矛盾。

二是家校沟通不畅。家长和教师之间缺少沟通,或者沟通时缺少相互尊重和理解,部分老师在教学中忽视了与家长的及时沟通,或在沟通方式上存在问题,造成家校信息不对等,激发负面情绪生成,导致家长和老师之间不信任,相互猜忌,矛盾升级,隔阂越来越深。

三是教育目标各异。老师希望孩子全面发展,但有的家长只关注孩子学业成绩,或者只关注孩子的健康,具有局限性。目标不一致,要求也就不一致,那么就很难齐步走地沟通。

四是教育方法差异。对待孩子学习或成长中出现的问题时,老师和家长采取的方法不一致,如果彼此不认可,也会引发家校矛盾。

当然,原因不止以上这些。例如,教师职业权威的每况愈下、教育优质资源稀缺、学生成绩带来的压力等,也会造成家校矛盾。此外,家长的情绪也影响着孩子的情绪。比如,家长在孩子面前表现出对学校和老师的尊重和喜爱,学生受到情感濡染,也会对学校和老师产生喜爱之心,接受学校教育的态度也就呈现出积极的一面。反之,如果家长和教师关系不好,在孩子面前表现出对教师的不满,甚至会当着孩子的面批评或指责教师,这样的负面态度和行为,也会造成学生对教师的不信任、不尊敬,甚至抵触和反抗,就会大大降低学生接受教育的成效性。

当我们了解家校沟通矛盾产生的原因后,在工作中尽可能地克服以上因素,努力在沟通中促进理解,在沟通中明确责任意识,在沟通中保持信息对等,通过沟通达到教育目标一致、教育方法互补。这样,教师与家长建立和谐健康的合作关系,形成协同教育合力,学校就能更好地给予学生积极的影响,父母也可以在学生学习过程中完善抚养者与教育者的角色。这样,双方合作互动,密切配合,共同给学生营造出一个宽松、和谐的学习氛围,这对学生的健康成长,尤其是心理的健康是十分重要的。

## 2　家校沟通"面面观"

如前所述,家校沟通,是学生健康成长重要因素之一,是提升家庭教育质量的有效途径,也是推动学校教育发展的有效动力。在教育教学过程中,我们应该充分发挥家校沟通的作用。但在实际沟通中,造成沟通不畅的因素不仅仅是教师与家长个体,还存在着其他方面的不足,需要引起高度重视,并采取切实可行的有效措施。

## 一、社会层面

近十年来,随着城镇化快速推进,我国传统家庭结构深刻调整,婚姻家庭观念深刻变革,家庭功能弱化、家教工作缺位、家风文化断层等问题突出。经过各地不断努力探索,家庭教育工作取得了积极进展,但还存在认识不到位、教育水平不高、相关资源缺乏、职责定位不清、工作力量分散、法治建设有待提高等问题,导致一些家庭出现了重智轻德、重知轻能、过分宠爱、过高要求等现象,影响了孩子的健康成长和全面发展。注重家庭家教家风建设,提升家长素质,提高育人水平,任重而道远。

## 二、学校层面

教育部《关于加强家庭教育工作的指导意见》提出:充分发挥学校在家庭教育中的重要作用。强化学校家庭教育工作指导,丰富学校指导服务内容,发挥好家长委员会作用,共同办好家长学校。越来越多的学校利用各种平台,开发各种渠道进行家校合作,形成家校共育,成绩显著。我们曾经选择了城区、乡镇、农村几所学校,对低年级近千名家长进行关于"家校合作"的问卷调查,从调查数据上来看,大约 78% 的家长对家校合作满意。也就是说,我们现在的学校、老师在教育工作中积极发动家长,形成共育作用,形成教育一致性,家校合作在不断努力着。但是,调查也表明家校沟通或多或少存在一些不足,有待改进。具体表现在以下几个方面:

### 1. 家校沟通形式单一

家校沟通的方式或渠道有很多，如家长学校、家委会、家长会、家访、电话沟通、微信或QQ交流、亲子活动等等。在调查中我们发现，在信息时代、自媒体时代，80%以上的老师与家长，用QQ或微信进行家校合作，约50%用电话沟通和接送孩子时进行交流，也有60%是通过家长会沟通，只有约20%的沟通是通过老师家访。家校合作的方式应该是多样的，但根据现实情况来看，主要集中在电话或网络交流与家长会，形式比较单一。

### 2. 家校沟通内容单一

因为学业成绩的压力，部分老师尤其是学科教学的老师，与家长沟通的内容主要集中的"学业问题"上。有的甚至把学生学业和品德上的问题统统归因于家长管教不严，要求家长对学生的问题负全部的责任，视学生的问题为家长的问题，迁怒于家长。单一的沟通内容影响了家校沟通的积极性。

### 3. 家校沟通缺乏制度保障

有问题就联系，家长工作时间接到学校老师电话，教师下班休息时间接到家长电话，如何联系、沟通什么，缺乏合适的制度管理与保障，家校沟通更多时候表现得随意、随时。这或多或少影响老师与家长的正常生活与工作。

### 4. 家校沟通互动较少

有些教师错误地认为自己教育学生，家长就应该无条件地配合学校教育，忽略了教师与家长之间的平等关系，在沟通时显得比较强势，甚至对家长不够尊重，单方面向家长提出各种要求，而家长则只有服从，毫无发表意见和建议的权利。这样的沟通缺乏教育的互动。

### 5. 家校沟通缺乏延展性

学生问题出现，有些老师只是向家长呈现问题，问责批评，缺少教育方法指导。沟通之后，更忽视了教育的连续性，往往很少采取延展性的跟进沟通。

### 6. 家校沟通落实不力

个别学校领导重视不够，只顾抓学生的安全和学业成绩，在家校沟通上只是为了应付、敷衍、搪塞。即使有热心的家长反映情况，学校最终也不会落实，久而久之使教师对家校沟通的积极性下降。

## 三、家庭层面

在调查中，我们发现 100% 的家长意识到了家庭、学校合作教育的重要性和必要性。大约 90% 的家长认为孩子的教育是家校共同的协作教育。这说明家长们越来越意识到家庭教育在孩子成长中的重要性，更意识到家庭与学校的协同教育对孩子成长具有积极重要的作用，他们愿意并乐意参与各种家校合作活动。当孩子出现问题时，大约 89% 的家长会主动与老师沟通联系，大约有 70% 的家长"经常"或者"有时"去阅读家庭教育书籍。也就是说，他们有提高家庭教育水平的学习需求。但是，由于很多家长没有接受过专业的教育知识培训，缺乏家庭教育理论指导，不会对孩子生理心理和年龄特征进行科学分析。家庭只养不教、养育能力缺失等问题明显存在。面对着自己的孩子，仅仅凭着对孩子的爱进行教育，往往会出现许多偏差，影响着家庭和学校的教育质量和效果。家庭教育迫切需要学校教育的指导和配合。

### 1. 沟通目标狭隘

因为不同家庭教育认知、水平存在差异，一些家长往往将沟通目标局限于孩子的某一方面，如作业情况、孩子在校情况、班级公告等。甚至有的家长认为自己的孩子在教师的手中，不敢发表自己的意见和看法，担心孩子在学校的处境，担心教师会对自己的孩子打击报复。这样狭隘的沟通，影响了家校沟通效果，更影响孩子的健康成长和全面发展。

### 2. 沟通观念淡薄

很多家长意识到家校合作中，家长要主动地和老师沟通，并且经常联系。但是，缺乏沟通意识的家长仍然存在。有的家长认为，教育孩子是学校的事，尤其是寄宿学生的家长中有相当一部分，就是不想在家里为孩子操心，所以把孩子"寄存"在学校。有的家长不关心子女的教育，认为只要把孩子照顾好，健健康康就够了，不配合教师的工作，甚至拒绝与教师沟通。有的家长虽然把希望寄托在子女身上，"望子成龙"心切，但往往把子女学习的成败完全归因于教师的责任，认为教师决定孩子的一切，认为孩子的学习好坏学校要负责，家庭起不了什么作用。或者，在家校沟通中，半推半就随大流，缺乏积极主动性。

### 3. 沟通认知差异

在家校沟通中，教师与家长的角色应该明确，角色意识更要清晰。教师与学生的关系是教育与受教育的公务关系，而家长与学生的关系是亲子血缘关系。在对具体教育问题的看法和处理上，一般地，教师是遵循教育规则，理智重于感情，而家长多是感情重于理智。有时教师与家长对同一个问题由于个人所站的角度不同，看法也不尽相同。比如，孩子不小心摔倒，教师在判断孩子没有受伤的情况下，会置之不理或鼓励孩子自己爬起来。而家长出于心疼，往往会第一时间去搀扶并给予关心。教师面对的是全体学生，看到的是孩子在集体中的生活状态，而家长关心的则是他自己的孩子，看到的是孩子在家中的表现。教师强调普遍性，而家长则强调特殊性。教师对学生的评价是横向比较与纵向比较相结合，而家长对自己的孩子更多的是做横向比较，于是就有了"别人家的孩子"这样的话语。对于孩子的努力，家长有时认为自己的孩子已经很努力、进步很大了，可是老师认为他不够努力，仍然处于后进者的行列。有时家长觉得自己的孩子跟别家孩子相比不够努力，可是教师却看到了孩子在学校的努力。总而言之，就是在家校沟通中，因为认知存在差异，彼此缺乏"换位思考"的意识。

### 4. 沟通角色模糊

在家校沟通中，家长没有认识到自己是孩子学习成长的教育角色之一，家长既是支持者和学习者,也是学校活动的志愿参与者,还是学校决策的参与者。但很多时候,家校沟通中家长有的一味听取老师的批评或指正,有的会对学校、对老师百般挑刺。长期以往,家长和老师心里自然产生对家校沟通的恐惧或抗拒的情绪。

### 5. 沟通频率低下

除由于上述各种原因导致家校沟通不够畅通外,还有很多家长因为时间太少而阻碍了与老师的沟通,于是与老师沟通的频率就很低。少数家长只在开学与老师交流以后,再也没有与老师交流过。还有的家长只被动等待学校老师的联系,从不主动就孩子学习成长与老师进行沟通。

家校沟通,谁都会说,可真正沟通起来,要畅通,还真不容易啊!需要我们在一次次实践中探索、反思、总结、改进,方能寻找出一些更合适、更有效的沟通技巧与方法,达到家校"慧"沟通。

## 二  家校沟通,案例分享

### 1  遇事"冷一冷"——与"冲动型"家长的沟通[①]

#### 案例呈现

**一、家长"投诉"**

初一新班刚刚组建,每天像陀螺一样忙得焦头烂额,那天晚自习结束,刚想回宿舍,我就接到坤爸爸的电话。电话一接通就听到他愤怒的声音:"张老师,我要投诉王老师……"没容我说话,坤爸爸一口气自顾自地说着。在其激动、气愤、抑扬顿挫的讲述中,我大概弄清了怎么回事。原来,晚自习期间(这时候我在隔壁班看晚自习),王老师(班级数学老师)检查学生单元测试后的总结、反思及下一阶段数学学习目标,发现坤的学习目标是争取下次考80分,数学老师很生气就"打"了坤,坤下课后就哭着跟爸爸打了

---
① 由南京外国语学校仙林分校张亚伟撰写。

"告状"电话。坤爸爸听说自家孩子被老师打了,立刻就火了,打电话给我说要到学校投诉王老师。安静地听完坤爸爸的叙述,我说:"坤爸爸,我理解您的心情,您把孩子放心地交给我们(我们是寄宿制学校),结果孩子却受了委屈,心里一定不好受……如果数学老师真是打了坤,我先代她跟您道个歉……不过,您先也不要着急,如果您信任我这个班主任的话,请容许我先去了解一下事情的经过,然后再坐在一起谈谈,看看怎么处理会比较好一些。您要相信,我们和您一样希望孩子能够快乐成长……"为了安抚坤爸爸的情绪,我先是表示理解,然后进行了提前道歉,同时我强调"如果您信任我这个班主任的话,请容许我先去了解一下情况"。一般情况下,家长都会给班主任面子,尤其是孩子又是刚进一个新班。果然,坤爸爸答应给我一点时间了解情况。可是,他也撂下丑话,如果我不能处理,他就直接找校长。

## 二、"调查"情况

挂断电话,孩子们都已经回宿舍了,我走到王老师办公室,她还在备课,为第二天的工作做准备。我赶紧跟她了解情况。结果她一头雾水,搞不清状况。经过沟通才知道,刚刚经过一次数学单元测试,坤考了90分,结果王老师看见坤的下次考试目标写的竟是80分时,王老师觉得不可思议,手里正好拿着一张卷成筒的试卷,就随手拍了一下坤的脑袋,说:"你这个孩子,人家目标都往高了定,你倒好,目标往低了定,怎么这么不求上进的?!……"一张卷成筒的试卷?即使用的力气很大也不会疼啊?!我有些疑惑不解。真的像王老师说的那样吗?

为了全面了解情况，第二天一大早我又把当事人坤找来，坤说的和王老师说的基本一致，没有太大的出入。尤其是"打"的细节，我仔细问了一下王老师是怎么打他的，坤说是用一张试卷。我问坤："打得疼吗？""不疼！""那你为什么哭啊？你知道吗？爸爸妈妈很担心你呢，老师也很担心。""我觉得委屈。"他说。"你为什么觉得委屈？是因为王老师用试卷拍你吗？"我问。"不是，是因为王老师说我不思进取！"坤说。

"据我所知，你上次单元测试考了90分，可是你制定目标的时候却说下次的目标是80分，老师说你不思进取好像也有一定的道理啊？"我试探着问。

"我以前数学都只能考六七十分，上次考90分完全是偶然，我想制定80分的目标对于我以前的基础来说是相对稳妥的……"原来问题出在这里。我想解铃还须系铃人，要想安抚坤的家长，还得从坤入手，先做好坤的工作。

经过长时间的沟通，坤的心结终于打开了，认识到王老师之所以会说他"不求上进"，其实是为他好，希望他能够在学习上更加努力，对自己有更高的要求。之所以会发生误会，是因为大家都刚刚接触，还处于对彼此不太了解的阶段。坤也明确表示，其实老师用试卷拍的那一下并不疼，他哭是因为觉得委屈。

跟坤交流完之后，我又找到王老师，首先对王老师表示肯定和感谢，肯定其工作如此细致，感谢她对孩子的真诚付出，同时也委婉地告知她坤的父母可能对她的行为有一定的误解，并告知她坤在定目标时情况反常的原因所在。王老师是一位有经验的老教师，一听就明白了怎么回事，并表示理解，愿意约见家长一起处理问题。

### 三、三方"约谈"

周三下午，坤的家长如约而至。看到他们气势汹汹的样子，我没敢让他们先跟王老师见面，而是留在我的办公室，安抚他们的情绪并汇报我的调查结果。经过安抚,他们的情绪缓和了一些,当我把我的调查情况转述给他们听的时候,他们将信将疑。

这时候,我把坤和王老师都请了过来。一落座,王老师就开始道歉:"不好意思,我因为不太了解情况,错怪了坤同学,在这里,老师向坤同学道歉。"坤表示接受老师的道歉。但是,坤的父母还是面有不悦,说:"问题可能不在于老师错怪了我们坤,主要在于老师可不可以打人!"一句话,又把问题严重化了。王老师刚要辩解,我赶紧抢过话头,问坤:"我想这件事情应该坤自己来阐述才是最恰当的,对吗?"我冲王老师使了个眼色,让她放心。

"坤,你能说说当时王老师是用什么打你的吗?"我问。

"用一张卷成筒的试卷。"坤说。

"打了几下?"

"打了一下。"

"疼吗?"

"不疼。"

"那你为什么很伤心,还哭了?"

"因为老师说我不求上进,我觉得委屈。"

"所以,你哭不是因为老师打你疼,而是因为老师不了解你的基本情况,以为你不求上进,所以你觉得难过、委屈,对吗?"

"是的。"

"那你现在知道老师为什么会说你不求上进吗?"

"因为老师看我上次单元测试考了 90 分,以为我成绩很好,希望我更好。"

"也就是老师的出发点其实是善意的,对吗?"

"是的。"

"那么,在这种情况下,你能原谅王老师吗?刚才老师已经跟你道过歉了。"

"能。"

……

"我们坤真是一个懂事理的好孩子!"

……

和坤对话的同时,我也时刻注意着其父母的表情变化,当问到最后的时候,坤的父母原来严肃的表情已经完全没有了。

为了进一步打消坤父母的疑虑,也为了避免他们尴尬,我把他们请到外面,给他们看了几份学生写的调查说明,都说明当时王老师只是用试卷拍了坤的脑袋一下。然后,我说:"其实,打人也分很多种,有的打人是以伤害为目的的;有的'打人'是善意的,是以教育为目的的,并不是真的打,如我们小的时候就被父母'打'过,但我们不会怪父母,因为知道父母是为了教育我们。其实,在这件事情上,王老师的出发点也是善意的,也是恨铁不成钢,情急之下'拍'了坤。可是,话又说回来,一张试卷拍下去能有多疼呢?……但是,我们还是特别感谢你们的到来,常言道'勿以善小而不为,勿以恶小而为之',这就提醒我们老师,处理问题不能太随意,一定要注意方式、方法,今天可能只是拍了一下,明天不注意可能就真的是'打'了……"坤的父母连连点头表示认同,开始责怪孩子没有把事情说清楚,造成误会。

我赶紧纠正:"……孩子毕竟是孩子,在情感梳理上,语言表达上,可能都有不成熟的地方,所以孩子才要学习,才要成长,不能怪孩子。可是,这事情也不能怪王老师,王老师也是为了坤好,有多少老师在考试后,还指导孩子定计划、定目标的?王老师做了,可见王老师是一位十分称职的老师……同时,王老师知道自己误解坤以后,马上当着我们大家的面跟孩子承认错误,这更加难能可贵了,这种勇于自我反思、自我批评的精神,十分值得我们尊重……""是的,是的!王老师确实很认真,这件事情上是我们做家长的急躁了……"坤的父母连连认错,并立刻回到办公室跟王老师道歉,事情得以圆满解决。

显然，本案例中坤爸爸是有些冲动和急躁的，接到坤的电话，听到孩子说老师打他了，没有问清前因后果就怒气冲冲要投诉老师。如果不是孩子住校他们一时赶不过来，不得不先找班主任的话，他可能直接就冲到校长室了。而面对这样的情况，无论是班主任还是当事老师，都要首先处理好情绪问题，然后再慢慢开始细致的沟通，以达成解决问题的目的。

 **沟通策略**

### 1. 安抚情绪

有一句话叫"冲动是魔鬼"，当一个人情绪激动的时候，是十分容易行为偏激的。因此，当班主任发现家长情绪激动的时候，安抚情绪是必要的。在本案例中，张老师接到电话以后，跟坤爸爸说了这样一段话："坤爸爸，我理解您的心情，您把孩子放心地交给我们，结果孩子却受了委屈，心里一定不好受……如果数学老师真是打了坤，我先代她跟您道个歉……不过，您也先不要着急，如果您信任我这个班主任的话，请容许我先去了解一下事情的经过，然后再坐在一起谈谈，看看怎么处理会比较好一些。您要相信，我们和您一样希望孩子能够快乐成长……"张老师先是表示理解，然后又代替王老师先行道歉，既表示了对家长反映情况的重视，也表达了理解和共情的态度，这对于安抚家长情绪是十分有效的。

### 2. 调查情况

"没有调查，就没有发言权"，所以，要解决问题首先要调查问题，弄清问题的起因，弄清事情发展的来龙去脉，才能很好地解决问题。因此，调查问题是解决问题的关键。而在这个案例中，张老师从多个渠道对事情的发生、发展进行了解，在和王老师、坤同学及其他同学的沟通中，了解到:晚自习期间,王老师检查学生单元测试的总结、反思及下阶段学习目标,发现坤的学习目标是争取下次考80分,而在刚刚经过的单元测试中,坤考了90分。王老师觉得不可思议,手里正好拿着一张卷成筒的试卷,就随手拍了一下坤的脑袋,说:"你这个孩子,人家目标都往高了定,你倒好,目标往低了定,怎么这么不求上进的?!……"很生气地"打"了坤。而坤觉得很委屈,他说其实自己的数学成绩并不好,之所以这次考试能考90分,是因为自己暑期刚刚补过课,所以他在慎重考虑之下定下了80分的目标。

### 3. 有效沟通

"解铃还须系铃人",在某种层面上讲,想做好家长的工作其实最重要的是做好学生的工作。张老师意识到了这一点的重要性。她选择了先和坤同学做深入的沟通。张老师先是表扬了坤同学提前预习的好习惯,肯定了他谦虚、谨慎、务实的学习态度,然后,又站在教师的角度分析王老师对学生又爱又恨、怒其不争的情感。很快,坤同学的心结打开了,他认识到之所以"打"他,是对他心存期待,希望他能够在学习上更加努力,对自己有更高的要求,并不是真正意义上的"打",只是一种"亲昵"的表达方式。同时,坤同学也承认一张试卷拍下来的力度其实并不重。接着,张老师跟王老师详细沟通了坤同学的情况,王老师是一位非常有经验、有涵养的教师,一听就明白了怎么回事,表示愿意和张老师一起积极处理问题。

### 4. 三方"会诊"

按照约定,坤同学和老师以及坤同学的家长三方见面。张老师首先表达了歉意,王老师也向坤同学表示了道歉:"不好意思,我因为不太了解情况,错怪了坤同学,在这里,老师向坤同学道歉。"坤同学表示接受老师的道歉,并将事情的前因后果重新叙述了一遍,消除了彼此之间的误解,一场风波就此平息。本案例中,任课教师固然有不恰当的言行存在,但是,家长的偏听偏信却也是显而易见的。现在有些家长平时不过问孩子的学习、生活和思想状况,不跟老师进行联系,只听孩子的一面之词,孩子说什么就是什么,倘若孩子回家告状,表现出受到委屈的状态,就找老师算账。殊不知,老师也是人,也有喜怒哀乐、七情六欲,也会生气、沮丧,遇到事情也有急躁和欠妥的时候。因此,家长的理解和配合,是十分必要的。真实地了解孩子,客观、公正、公平地处理问题,能让孩子更好地认清自己,促进孩子更好的成长。而本案例中的三方"会诊",老师、家长、孩子三方坐在一起分析问题、研究问题、解决问题,不仅仅是一种公开、民主的问题解决态度和方式,也是让大家在第一时间内更好地沟通和消除误解的有效途径。

 **效果反馈**

### 1. 稳定了情绪

在本案例中,通过班主任老师和王老师的共同努力,家长的情绪得到了稳定,为后面的问题解决提供了良好的铺垫。

### 2. 弄清了真相

有很多事情是不能看表面的,我们一定要弄清楚真相是什么,才能很好地解决问题。本案例中,表面上是王老师用试卷"打"坤同学,但其实并不是真正意义上的"打",无论在力度上还是在其中赋予的情感上。只是,因为坤同学和一般孩子的情况有所不同,心中觉得委屈才有了不同的感受。在班主任老师的仔细询问下,才了解到实际情况。事实上是因为孩子和老师对彼此的了解不够,才导致误会的产生。而实质上,孩子是一个要强的孩子,老师是一位负责的老师。

### 3. 解决了问题

最终,老师、学生、家长在弄清了事情的原委后,达到了彼此的谅解和理解,问题得到了圆满的解决。

### 案例反思

现在有很多家庭都和坤同学的家庭一样,只要孩子一哭,家长就心疼不已,顾不得关心真相就向老师问责。这个时候,老师千万不能也跟着家长一起情绪化,而是要首先承担起责任,理性地分析问题。正如全国知名班主任万玮在《给年轻班主任的建议》这本书中提出的观点:"师生关系出现问题,教师要有承担百分之百责任的勇气,即使对方先有错,即使主要是对方的错……只有我们有了承担所有责任的意识,我们才可能深刻地反省自己,才可能不再犯同样的错,才能越来越接近一名优秀教师的标准……"本案例中,班主任张老师和数学王老师都表现出了承担责任的勇气,这对于家校沟通起着十分积极的促进作用。

总之,作为班主任只要本着"平等、尊重、互助、成长"的教育理念,以一颗诚挚的心,以诚恳的态度,采用适当的策略和方法,恰当做好"隔离、安抚、调查、自省、'会诊'、沟通"等工作,阐明教育道理,构架沟通的桥梁,就能够很好地与家长沟通,解决教育工作中遇到的很多冲突和问题。

## 2 孩子厌学,妈妈崩溃——与"求助型"家长的沟通①

### 案例呈现

#### 一、班级课堂的睡神

从初一接手这个班学生开始,就不断有老师向我反映,说小峰上课总是

---

① 由南京市江宁区梅龙湖学校周婷撰写。

打瞌睡。一点到他，还不承认，每次都说我没睡。作为班主任，学生上课打瞌睡肯定是要管的。记得那是初二一次课间我找到他，让他说说上课睡觉的原因。他笑了笑，露出可爱的大白牙，憨憨地说："老师我没有睡觉。"可能，他理解的睡觉是呼呼大睡的那种吧。于是，我也不和他争辩，把手机里我在窗外录下的视频给他看，他才承认。然后说因为作业做得太晚，没睡好。其实，当天作业根本不多，而且他潦草不清的字迹表明，他根本没有认真写作业，他的时间也没有真正花在学习上。

于是，为了解他在家的情况，我和他妈妈进行了电话沟通。妈妈听到他上课睡觉，很吃惊，说他晚上九点就上床睡了，不至于一早上课就打瞌睡啊！我暗示了一下她，是否有电子产品玩？因为在初一的时候，他曾经带过手机、平板等来学校。小峰妈妈表示，电子产品都被她带到单位去了，他玩不到的。凭着这么多年带班的经验，我建议他妈妈晚上观察一下他上床后几点入睡的。

## 二、来路不明的手机

过了几天，我批改作业的时候，突然收到了小峰妈妈的QQ信息："老师，真被你猜中了。他真的有手机，躲在被子里玩。家里旧手机都收起来了，这个手机也不知道他哪里弄来的。这个孩子哎，真是急死人呢。昨天晚上11点多钟的时候，我发现他房里有亮光，进去一看，他正拿着手机刷小视频。手机被我拿过来，他当场还要和我抢。老师，我真是不知道该怎么办了。现在孩子长大了，我也不敢怎么说他，一说就和我吵，一吵都能把我气哭。"面对小峰妈妈的求助，我倒不是很意外，因为之前我已经和她多次沟通，但是家长都不相信，总说孩子很早就上床睡了，也不去关注他到底睡没睡着。但作为班主任，我还是先安抚了家长，和她一起想办法。

通过耐心询问，小峰承认了手机是打篮球的邻居家淘汰的旧手机，周末打球的时候借给他玩的。通过开导，他似乎也意识到了自己的错误，答应周末打球的时候把手机还回去，后面不再偷偷夜里玩手机。

后来上课，小峰也会犯困，但是次数明显少了很多，也能跟着老师在书上做一些笔记。

### 三、辅导班的拖地"明星"

小峰的英语基础很差，默写几乎每次都不及格。书写也是潦草看不清，家长也很着急，给他找了一对二的辅导（当时还没有实行"双减"），可是效果甚微。有一天小峰妈妈发了QQ信息给我："老师，小峰最近英语有进步吗？我给他报了一对二的辅导，他也不好好学，别人在学，他在拖地，我都要被他气死了。一节课200块钱！还是接他的时候，那边的同学和我说的！老师，他听你的话，你和他说说，好好上。"一时间，我真不知道该怎么回答她。花钱辅导竟然变成了在辅导班拖地，想必也是有原因的。我建议她和辅导老师了解一下情况，同时征求一下孩子的意见，看看他愿不愿意接受辅导。不管上不上辅导班，学习成绩的提高都得靠自己的努力和坚持。同时，学校课堂才是学生学习的主阵地，如果上课打瞌睡，不认真听讲，而把希望寄托在周末的辅导班上，那真是本末倒置啊！

后来听小峰的妈妈说，小峰不想继续上辅导班了。那次拖地也是一个误会，也没有一直在拖地。辅导班的老师说他成绩没有起色，也没好意思收费，之前的钱也退给她了。

### 四、崩溃的妈妈

初三了，小峰的英语单词默写很差，考试填空题都拿不到分。我和他妈妈反映了单词的情况。小峰妈妈突然想到一个主意，让我编辑一条让小峰每天默写10个单词的信息发给她，以此督促小峰每天背诵默写。面对家长的主动，我欣然接受了这个建议。每天对她发来的订正也仔细查看并点评鼓励。他的单词默写也渐渐有所进步，从对一个两个到了三四个。可是好景不长，刚坚持了几天每天十个单词的默写，小峰的妈妈好像坚持不下去了,好几天没发图给我了。一天复习十个单词应该不是件很难的事。于是,我询问了小峰妈妈,原来是小峰不肯背了。小峰一默写单词就跟她翻脸,背着书包就往外跑。小峰的妈妈只能打电话求助在外地的爸爸劝阻。小峰的妈妈问我:"老师之前带过这样的娃是咋办才会有效果的呢?老师和你说句实话,我就是结婚太早,很多时候我觉得我还是个孩子。最近我爸爸刚住院开了刀,我也没精力管他!"电话这头的我感到了这位妈妈的无助,但同时也意识到为什么这个孩子一直反反复复地出现新问题,原因还是在于父母的态度啊!

每个父母都不是天生就会做父母的,我们也是在和孩子一起成长的。父亲不在身边,做母亲的肯定要多担待,孩子也会看到你的付出和辛苦。言传不如身教,父母也应该适当地在他做作业的时候,翻翻他的作业本,了解一下他在学校的学习情况,对他也是一种肯定和鞭策。

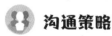  **沟通策略**

家庭教育是一切教育的基础,学生的健康成长离不开家庭教育的有效配合。面对小峰妈妈的几次求助,我深入地了解了小峰的家庭教育。

### 一、家长方面

我通过家访,了解情况。

小峰在上初中之前,爸爸妈妈都在上海打工,小峰在外公外婆家长大。小峰小学的学习和生活父母很少能管到。上初一之后,老人年纪大、身体不太好,也管不住小峰,所以妈妈回到南京工作,接送小峰上下学。可是,因为小学都没有怎么管过小峰,妈妈有点措手不及,一边工作一边带孩子,也让她感觉很累,正如她坦言,自己结婚生孩子太早,感觉自己还是个孩子。小峰也不怕她,个子已经超过了她。每次妈妈想打两下手心吓唬他一下的时候,小峰就紧紧抓住她的手,所以妈妈有时候急得要哭。小峰的爸爸在家里比较有威信,小峰比较怕他。但是爸爸在扬州工作,鞭长莫及。虽然有时候会打电话和小峰沟通,但也只能管几天。尤其是在疫情期间,爸爸根本回不来,也管不到小峰。

小峰放学后就喜欢和门口几个初中毕业没有考上学校的孩子混在一起,刷视频,打游戏。周末的时候,妈妈有时候要上班,经常晚上还有应酬,喝醉后小峰和爸爸还得接她回家。老人去打麻将,没时间做饭,就带小峰一起去打麻将的地方吃饭。小峰就会问老人要手机玩,周末基本上也还和门口几个不上学的大孩子混在一起。

了解了小峰的家庭情况后,我给小峰妈妈提了三条建议:

一是给小峰营造一个好的学习氛围。周末尽量保证至少有一个家长陪伴,可以一起出去游玩,也可以一起学习。如果爸爸周末能回来,可以让爸爸多关心、了解一下小峰最近的学习情况。同时,避免带孩子到麻将馆等娱乐场所。周末可以约上班级里篮球社团的同学,一起切磋球艺,或者报一个篮球兴趣班,尽量减少和社会无业青年的接触。

二是家长也要和孩子一起成长。已经错过了孩子小学的陪伴时光,家长对初中的这段陪伴时光要格外珍惜。现在孩子处于青春期,难免有些叛逆,家长要晓之以理,动之以情,不能硬碰硬,也不要老是当着孩子的面哭,让孩子觉得家长对他已经束手无策了。家长平时也可以看一些家庭教育方面的书籍,了解青春期孩子的思想变化,学习如何和孩子有效沟通。同时减少应酬,多和孩子一起进餐,增进亲子感情。

三是学习不是一朝一夕的事情,需要长期的坚持,做家长亦是如此。陪孩子一起学习,其实也是一场修行。小峰的妈妈及时发现了辅导班辅导没有效果,采取了自己陪孩子默写单词的方法,但是没能坚持下去,这也是值得家长思考的地方。如果家长都不能坚持,又怎么能给孩子树立榜样呢?遇到困难的时候,家长要带着孩子寻找解决办法,要相信办法总比困难多。

## 二、学生方面

### 1. 认真倾听,产生共情

针对小峰上课打瞌睡、偷玩手机、厌学、顶撞父母等情况,我没有直接批评。而是在午自习的时候,单独把他找来,坐在办公室里,面对面地倾听他的想法。一开始,他有些不自在,时不时地想站起来。后来,看我态度也比较温和,渐渐放下了戒备,慢慢向我敞开了心扉。

他觉得上学没有意思,自己成绩也很不好,学习没有动力,一上课就犯困。手机短视频让他觉得很有趣,在手机游戏里他也能找到存在感和成就感。妈妈也经常不管他的学习,周末喝醉酒了还要爸爸和他去接,还是小峰把她背回家的。言语中,我感到了小峰的一丝无奈。于是,我肯定了他对妈妈的孝顺,但同时指出,成年人有时候难免会有一些工作上的应酬,作为孩子我们要表示理解。但是,这并不是他不学习的理由。妈妈也不是每天这样,大部分时间还是陪你学习的。比如,你这几天的单词默写,都是在妈妈的监督和帮助下完成的,这不是很好吗?老师希望你后面也能坚持下去,日积月累,你的词汇量会越来越大的,英语成绩还愁提不上来吗?小峰抬起头看了我一眼,眼里掠过一阵光,似乎感觉到了学习的希望。

小峰又明确表示,他就是喜欢玩手机,可是妈妈不让他玩手机,他就很

## 二 家校沟通，案例分享

反感，其他学生为什么能玩呢？小峰的言语中带着一丝对妈妈和老师做法的不满。我说手机对于我们初中生来说诱惑太大了，你在刷视频、打游戏的时候是不是觉得时间过得特别快？小峰点了点头。我继续说，初中的学习还是很紧张的，尤其是现在已经初三了，我们更应该珍惜每一分每一秒，不能浪费时间。成年人玩手机都很难控制住，更何况自制力比较弱的初中生呢？也许在你玩手机的时候，别人已经在默默地复习了。日积月累，差距会越来越大。沉迷手机，也会给我们的身体造成一定的伤害，上课爱打瞌睡就是其一。小峰不好意思地低下了头。我觉得我的谈话他至少听进去了一些。

这样的谈话我每周都会找小峰谈两三次，有时候利用课间，有时候利用自习课的部分时间。通过对小峰持续的关注和提醒，小峰渐渐向好的方面发展了。

### 2. 小组帮扶，同伴互助

小峰所在的第四组组长是个热心的女生，为了小组的共同发展，她也经常提醒小峰上课认真听讲，作业及时完成。其他组员也在不同的学科上给了小峰一对一的辅导，帮助小峰解决学习上不懂的问题。有些问题是课堂上老师反复提醒的，小峰的同学就会提醒他上课一定认真听。作为班主任，我还特意把组长和小峰调到一起，监督提醒小峰上课不要打瞌睡。小峰渐渐开始对学习产生了兴趣，和组员一起努力，在期中评比中小组还获得了优胜小组。有的时候同伴的教育和鼓励，比老师的说教效果更加显著。

 **效果反馈**

一是小峰摘下了"睡神"的帽子。班里的同学再也不叫他"睡神"了。小峰上课的注意力比以前集中多了。一方面家长杜绝了他抱手机睡觉，保证了睡眠；另一方面组员的有效督促和提醒也起到了积极的作用。科任教师也反映小峰上课不睡觉了,开始认真记笔记了,有的时候还积极举手发言,小峰的眼里重新有了光。

二是小峰理解了妈妈的辛苦。小峰的妈妈表示,小峰很少和她对着干了,默写单词也很积极,平时也不会偷玩手机了,整个人也变得阳光起来,甚至会帮着做一些家务活了。周末的时候还会主动和从外地回来的爸爸分享自己在学校的一些好玩的事情,汇报一周的学习情况。

三是小峰的成绩有所提升。小峰的作业书写渐渐工整清晰,各个学科的成绩也在稳步提升,尤其是英语的听写,进步很大。我也及时对小峰和妈妈的坚持表示肯定,鼓励他们持之以恒,争取更大的进步。

四是小峰的妈妈发来了感谢的消息。看着小峰一天天地变化,家长很感谢老师对他的耐心和不放弃。虽然小峰有时候也还会有一些小情绪,但小峰妈妈总能和我一起想办法沟通应对,从单纯地向我求助,变成了家校的共同合作。在教育小峰的同时,小峰的妈妈也感觉到了自己的成长,意识到原来家长也是要不断学习、与时俱进的。

## 案例反思

初中阶段的孩子正处于青春期,开始有了自己的想法。有些学生盲目自信,做事和学习凭兴趣,凭心情,认为自己已长大,自以为是,不希望别人多管束,以此显示自我个性。青春期初中生和家长对着干,叛逆、厌学等情况时有发生。第一次为人父母的家长,往往会措手不及,焦头烂额,所以他们往往会向班主任老师求助。

作为老师,我们首先要和家长共情,理性客观地分析问题背后的原因,运用心理学、教育学的知识,一方面帮助家长走进孩子心里,也帮助孩子走进父母的世界,为学生和家长搭建沟通的平台。另一方面,通过多种渠道,帮助家长获得家教方法,端正教育理念,让家长教育孩子有自信。

## 二 家校沟通，案例分享

学习有苦有甜，学习任重道远，每个孩子都是天生的学习者。家长和老师，要善于保护和维持孩子的学习兴趣和热情，创造良好的学习氛围，以身作则，言传身教。教育孩子成长的过程其实也是父母修炼的一个过程。教学相长，希望每个初中生都能在父母和老师的陪伴中顺利地度过青春期，少一些叛逆，多一些理解和毅力。

## 3 "回避"≠"逃避"——与"回避型"家长的沟通①

 **案例呈现**

教过几百个学生，接触过无数位家长，每每想起这个孩子与他的家庭时，总是有说不清的感触。

**一、第一次的"无视"**

那是我工作十几年第一次做一年级的班主任，准备从一年级带到六年级。我总想着：家长们牵着孩子的小手，把他们送到我的班级，6年的时间里，我能够教给孩子什么，能够给他们留下什么样的回忆。所以，每个孩子对于我来说都非常重要。

一年级的家长都非常关注孩子第一天报名。很多家长带着孩子来到教室，都会热情地跟老师打招呼，还会叫孩子跟老师问好。而一个孩子的家长非常特别，看上去年纪挺大的，从教室外面进来后，直接拉着孩子在一个座位上坐了下来，叮嘱了几句话，然后头也不回地就离开了。我看着那个孩子紧张窘迫的小脸，就觉得很奇怪，走过去蹲下来问他的名字。他支支吾吾地

---

① 由南京市江宁实验小学陈海宁撰写。

告诉了我,这里就叫他小白吧。他说,送他来的是妈妈,妈妈有事走了。虽然我心里对这个家长第一次的无视,感到疑惑,但是影响不了我对这个孩子的关心。我拍拍他的肩膀,安抚他的情绪。

## 二、放学时的"惊吓"

为了保障学生的安全,报名当天,就如何放学,进行了多次练习。学生们在放学时,排队等候家长,看到家长后,一定要牵着家长的手来跟老师说"再见"才可离开,这样既是一种礼貌,也可以预防意外。可是第一次放学,小白就给了我一次惊吓。我带着学生们排着整齐的队伍,来到家长等待区,其他孩子一个一个按照要求牵着家长的手来跟我说"再见"。这时,有一位老奶奶走过来问:"我们家的小白呢?"根据年龄,我估计这可能是小白的奶奶或外婆。我回头一看队伍里,居然没有小白的影子了!我问学生们有没有看到他,小朋友们都纷纷摇头。我心里不免紧张起来。连忙上前要去安慰那位老人家。结果那位老人家没说什么转身就走了。这是什么意思?后来,我通过电话联系,才知道,小白被姐姐接走了。这次有惊无险,却让我对这个孩子的家庭有了好奇之心。

## 三、家长会的"违规"

开学一个月后举行家长会。开会前我做了充分准备,向家长们发出了邀请函,也告知了会议的相关规则。那天晚上 7:00,家长会就要开始了,可是我发现小白的家长还没有到。家长会准时开始,大约过了十几分钟,小白妈妈从后门进来,既没跟我打招呼,也没看我一眼,就直接走到位置上坐了下来。她坐下来后就拿出手机,一直低着头在拨弄着。我很不满,难道她没有意识到自己迟到了吗?难道不知道会议的规则吗?这次的"违规",让我对这位家长有了非常糟糕的印象。

### 四、沟通的多次"回避"

后来的教学中我发现小白不出色,但是也不闹腾,上课的时候发言还比较积极,是一个挺聪明的孩子。可是,凡是要求回家练习朗读或者背诵儿歌,他都不做,都要在学校依赖我的辅导和督促才能够完成。于是,我准备放学的时候和家长沟通一下。结果那天放学,是外婆来接他的。我问孩子回家以后的学习情况。外婆摇摇头说:"那个我管不了,我都八十多岁了,给他们接送孩子就不错了。"晚上,我打电话给孩子的妈妈,妈妈在电话里抱怨了孩子爸爸在外面工作,责怪外婆外公不管孩子,还说自己的大女儿不用管,现在发展得也很好。总之,就是回避了我最想沟通的话题。那就再与父亲沟通吧。孩子父亲的态度倒是不错,感谢我对孩子的关心,认为儿子就是被妈妈给教坏了。说了一通,也完全回避自己对孩子的教育责任。面对相互推诿的家长,我头疼了。

### 五、令人心疼的"两巴掌"

那一天,小白的作业没有写完。我知道,只要是带回家的作业他都不能完成。于是,就在放学的时候我把他留在教室,提前也打电话告诉家长,让他们迟一点来接。放学半个小时以后,妈妈来到教室,走到面前"啪"的一巴掌打在了孩子脸上,并且大声呵斥。看着小白脸上红红的巴掌印,我立刻制止并严厉批评了她。

无独有偶,过了几天,孩子放学,不知道跑到哪里去玩了,没能跟得上放学队伍。我把其他学生送走了,回教室终于找到了他,原来是肚子不舒服去卫生间了。正说着话,外婆走来了,二话不说,又是一巴掌。我很惊讶,连忙制止,并给她解释。我告诉他们,不能这样打孩子。

面对小白家庭作业的问题,我着急;面对小白挨打的问题,我心疼;面对这几位不懂教育又多次回避的家长,我伤脑筋。

## 沟通策略

我们都知道,问题孩子的背后往往都会有问题家长。但是,"不抛弃不放弃"一直是我的教育信念,我也相信"办法总比困难多"。

### 一、家长方面

**1. 多方了解,避免刻板效应**

社会心理学中有一个术语"刻板效应",指对于某个人或者某一类人,产生一种比较固定的类似的看法,而忽略了个体差异。那么,我们在与家长交往过程中,往往因为没有时间和精力去和他们进行深入的交往,只能"由部分推知全部",于是产生了片面的认识。面对家长的"回避",我是不是也选择"回避"呢?当然不是,也不能,家长的"回避"可能有多种原因,不等于"逃避"。于是,我决定进行多方了解,更加全面地了解小白家庭,了解他的家长,避免刻板效应给自己带来的沟通的负面情绪。

经过家访,我获得了很多信息:小白有个姐姐,是母亲与前夫所生,学习一般,后来找了一个不错的工作,成为妈妈心中的骄傲,也直接影响着小白;小白的父亲学历高,是外地人,在外地工作,疼爱儿子却照顾不到;小白跟着妈妈,住在外婆外公家,家里是私房,楼上下有很多租客;妈妈没有稳定工作,经常外出;小白的生活起居由八十多岁的外公外婆照顾,这对老人喜欢打麻将;小白放学回家先和门口伙伴玩,晚上就玩手机。

经过这些了解,我就能够理解问题产生的原因了,也看到了问题的另一面:

其一,家庭环境缺少学习氛围。三代人住在一起,老人爱打牌,姐姐工作之余就玩手机,妈妈经常外出,房子里又有那么多来自各地的租客,这样的环境就让小白无法专心学习。这样的环境也造就了小白随和、活泼的习性。

其二,家庭教育责任相互推诿。母亲认为父亲管得少;父亲认为母亲和老人不会教;老人认为爷爷奶奶都不管,自己凭什么去操心;姐姐觉得工作好,学习不重要。小白的学习就有了"三不管"的空白期。但从反面想,家庭人员多,如果各负其责,比如老人照顾起居,就为父母赢得了陪伴孩子的时间。夫妻分居,可以培养孩子对家庭承担责任。姐姐工作好,可以多给弟弟学习奖励。母亲经常外出,可以培养孩子自理能力。这样,是不是会有另一番家庭教育前景呢?

其三,家庭教育方法严重缺失。对孩子进行打骂;针对学习问题,相互抱怨,互相推诿。不是他们放弃孩子,更多的是缺乏正确的或者一致性的教育观念和教育方法。所以,他们的"回避"并不是"逃避"。

其四,各种习惯培养完全忽视。孩子与妈妈睡在一个房间,房间里乱得无从落脚。可见,家长自己就缺少良好的生活习惯,就更谈不上孩子学习习惯的培养了。

找到了原因，就有了解决问题的方向。

### 2. 寻找契机，明确家教责任

上海师范大学卢家楣教授在《情感教学心理学》一书中提出"以境生情"的情绪发生的心理机制，指出客观事物本身并不能够直接决定一个人的情绪，同样的客体，在不同人身上会引起不同的情绪反应。所以，当我们准备与家长沟通的时候，要明白：沟通，本身并不决定家长的情绪，只有当沟通的内容、沟通的方法、沟通的时机，满足家长某种需求时，才会引起他们快乐的情绪，反之会引起不快之感，这样沟通的效果就不再明显了。我们在设置沟通的情境时，要有一个预期，就是根据自己的经验习惯，对家长的反应做出事前的预估，这样才能够有备而行。教育与帮扶，不能过于刻意，太激进了，也许会适得其反。所以说"教育是慢的艺术"，有时也是等待的艺术。等待时间，自然顺势地进行，效果会更好一些。对于小白的家长，我就在等待着、寻找着这样的契机。

契机一：

早晨，小白带了一个烧饼来学校。我问他是不是没吃早饭，他却说那是他的中饭，因为外公外婆要打麻将，中午来不及烧饭。我听了以后非常心疼，中午在食堂订了一份盒饭给他，并且把这个事情与他的母亲进行沟通。这一次，她非常感谢我对小白的照顾，可见，她是心疼孩子的。于是我就借这个机会与她进行沟通，并建议她体谅老人年纪大的难处，最好自己多花点时间来照顾孩子，实在没时间，也可以事先与老人协商好各自负责的事务。当然，如果有困难时，也可以找我帮忙。

契机二：

亲子运动会，父亲不能参加，妈妈和姐姐来了。我趁机沟通，先夸赞姐姐，告诉她小白非常崇拜姐姐。小白妈妈听我夸奖她的女儿，也非常高兴，情不自禁地在我面前称赞起这个女儿有多么能干。我就借这个机会，引导姐姐在小白学习中树立榜样形象，比如多向小白介绍自己在工作当中的优秀成绩，有时间能够陪伴小白学习；如果玩手机，尽量避开小白；还可以给小白买一些奖品，鼓励小白进步。这样就可以借助姐姐的榜样力量，帮助小白成长。

契机三：

有一次放学，居然是孩子的父亲来接。于是，我趁机与父亲进行沟通，了解他的工作，了解对儿子学习的想法。毕竟，在这个大家庭中，与他最亲近最有血缘关系的就是小白。看得出来，他还是非常重视这个孩子的。但是，因为自己是外地人，在本地没有房子，孩子的外婆外公似乎有些瞧不起他，所以，对于小白教育即使心中不满，也不好去说。我给他提出可行的建议：可以少点抱怨，从自己做起，跟孩子进行约定，比如每个星期定期打电话进行沟通，了解学习状况，父子聊天。这样可以增进父子关系，也可以让孩子在生活中有所期待，学习得到关注。约定如果进步了，就会为他寄礼物。可以经常寄一些学习用品或书籍。还可以用自己工作的故事去引导孩子。总之，就是利用尽可能的机会去联系孩子，去关注孩子，并且让孩子感受到。

其实，现在越来越多的家长，能够意识到父母在孩子成长中"不可替代"的作用，也意识到自己的教育责任。但是，往往会因为在教育观念、教育期待和教育方法上不一致，导致家长之间、家长与老师之间出现矛盾。教育部颁发的《关于加强家庭教育工作的指导意见》中就提出，充分发挥学校在家庭教育中的重要作用，强化学校家庭教育工作指导。所以，如何帮助家长提升家庭教育水平，也是我们老师需要考虑的问题。

### 3. 适时适当，给予家教帮扶

学校开展的家长学校、家长会、家访、家长来访日，是我们最常用的家校沟通途径。我还会利用以下方式进行家教帮扶，推进家庭教育方法：

一是学生接送时段。利用这两个时间段，可以和家长进行短时间的交流，以表扬为主，客观表述孩子出现的问题，具体给予家教指导意见。比如，小白放学时，外公接的次数最多，我就经常说"老人家辛苦了"，并当着老人的面跟小白说"外公外婆年纪大了，你平时也要照顾他们"。这样，老人心里高兴，我就可以趁机提出一些建议：早晨，早点送孩子到学校，老师陪他们早读；回家后，让小白先写一会儿作业，再出去玩；让小白帮忙摆放碗筷或者收拾碗筷。这样低要求，勤帮扶，常反馈，多表扬，慢慢地，无论是家长还是孩子都会有所改变。

二是开学第一个星期。这个时间段，往往是家长最关注的时间，他们既关注孩子的适应情况，也观望老师对待孩子的态度。所以，在开学的第一个星期，前三天每天发短信向家长汇报孩子在学校的情况，以表扬和鼓励为主："李阳今天上课的时候发言非常积极，请鼓励他继续保持下去。""乐乐今天在数学课上口算正确率很高，老师表扬了他。""小白今天在学校劳动的时候，特别认真，发个信息表扬他，可以让他在家里尝试做一些简单的家务活。"……这样的短信让家长感受到老师对孩子的关注，从而愿意发自内心地与老师携手对孩子进行教育。

三是班级信息群。现在每个班级都有QQ群或者是微信群，这样的信息群，既是老师和家长的沟通平台，也是一个学习大课堂，我平时会在这些群里面推送一些简单易懂的家庭教育链接或者家庭教育读物。即使做不到每个家长都去阅读，但哪怕只有部分家长去学习，这部分家长也在不断地进步着。

四是班级"情感初页"。从接班第一个星期开始，我走近学生、细心观察、寻找生活中的教育资源。不难发现，孩子在班集体的生活中有很多话语、很多行为、很多事情，都可以成为教育资源。入学典礼上，小朋友们一个个精神抖擞，排着整齐的队伍，高唱国歌，当老师送给他们入学礼物时，那一声声感谢话语，正是规则遵守、集体荣誉、文明礼仪的教育资源啊！一个孩子中午吃饭，不小心把饭盒打翻了，两个男孩立刻跑过去帮助打扫，不正是助人为乐、友善相处的教育资源吗？我用心把这样的情景拍摄下来，也不再像以前一样只是在班级群里单一地发发照片。而是将这些照片整理成有主题、有系统的教育材料,用一个个故事、一张张图片、一句句话语,传递着班级文化,传递着教育理念与教育方法。就这样,每一周"情感初页"成为了学生与家长的期待,他们在欣赏过程中,不知不觉地传递情感,感受温暖,从而更爱班级,更愿意接受教育、支持教育。

五是班级亲子活动。我们的父母过于忙碌,导致缺少陪伴意识或陪伴时间;过于热衷监督,让彼此没有了自己的空间;过于追求完美,与人相处过于敏感,或者对孩子要求过高……这些现象都会导致孩子们在过度关注或者关注缺失中,情感培养被忽视。所以,利用班级亲子活动,老师与家长协同做好儿童的情感教育,在活动中有意识地进行关爱自己、关心他人、提高自我约束能力、自我安慰、有同情心等情感训练与指导,这样就可以让家庭与学校德育真正走进儿童心灵。有活动才会有教育:儿童节,组织家长、学生一起露营,在篝火边举行十岁成长之礼;中秋之夜,组织学生和家长一同登上方山山顶,并按照古代传统,一起行拜月礼,吟诗赏月;元旦,举行亲子包饺子迎新年活动,在鲜美的饺子中品尝亲情的甜蜜。班级亲子活动成为我的班级特色。在活动中,家长们成为了朋友,他们彼此交流育儿心得。所以,家长既是活动组织者,也是参与者、学习者、教育者。

### 4. 真心付出,建立信任关系

每个人的心,都像上了锁的大门,任你再粗的铁棒也撬不开。唯有真情,才能把自己变成一把细腻的"钥匙",开启人的心扉。我们对孩子的真心关怀,会开启学生对老师的爱戴,也会赢得家长的信任。

半个学期过去了,小白语文书上背诵签字,我的占一大半。我拿着书跟他的妈妈调侃:"看看签名,我快成小白半个妈妈了。"

她笑着说:"那就给陈老师当儿子吧!"

"这么机灵的小子,还是你自己养吧。后面你得多签字。"面对我的真心,她还怎么好意思"回避"呢?

不仅仅是小白,每一个学生亦是如此。天冷了,小曦手冷得发抖,把中午盛汤的碗打翻了,手上、衣服上溅的全是汤汁。我没有让她去洗手间洗手,因为自来水寒冷刺骨,我用热毛巾给她慢慢擦拭手上的油,也捂热了她的小手。晚上,家长打电话表示感谢。我知道,老师的真情,孩子与家长感受到了。

我为每个学生过集体生日,并在生日当天发信息问候家长。学期结束,会给孩子们撰写最佳亲和力、最佳口才、进步之星、阅读之星等精彩的颁奖词并隆重颁奖。寒暑假,保证对每个学生进行电话家访。

依据"自己人效应",不把学生或家长当作管制对象,也不把他们当作批评对象,更不当作敌人,而是把他们当作"自己人";使双方心理距离拉近,相互间没有心理压力,没有心理防范,达到心理吸引、情感共鸣、一点就通、一语即悟的境界,用真心换来真心,用信任换来信任。就这样,我与家长们建立了信任关系,包括小白的母亲。虽然,她并没有一下子成长为一名优秀的家长,但是,至少面对孩子学习问题,不再"回避"了,愿意与我沟通,有时会打电话向我咨询教育方法。

## 二、学生方面

### 1. 问题出现,理智对待

学生在学习中都会出现各种各样的问题,当问题首次出现的时候,老师不要发火,要管理好自己的情绪,理智对待。有的时候大度的包容,是温柔的教育力量,或许会收到意外的教育效果。当小白第一次出现不写作业问题时,我平静地问:"这是第一次出现这样的现象吗?会有第二次吗?"小白红着脸摇摇头说:"不会。"我拍拍他的肩膀,说:"希望你值得老师信任。"

### 2. 指出问题,提出希望

不管是小学生还是初中生,当学生出现学习问题的时候,老师要通过合理的方法帮助孩子意识到自己存在的问题,但是在指出问题的时候,我们要注意方法、时机和态度,既要指出问题,又要提出希望,尊重学生,保护其自尊心。

学生就是孩子,即使意识到问题,可是往往因为自控能力欠缺,还会再犯。小白第二次不写家庭作业的时候,我把他叫到办公室,首先告诉他不写作业是学习问题;然后,指出他违背了上次与老师的承诺;最后,督促他及时补上作业。

### 3. 适当处罚,给予帮助

小白不写家庭作业的原因,不仅仅是他自己缺乏学习自觉性和自控能力,还有家庭的影响,所以并不能一味地去责怪他。但是,当他屡次出现同样问题的时候,还是要进行适当的处罚,让学生意识到必须为自己的错误行为付出代价。比如,原本要求抄写两遍生字,在补写家庭作业的时候就抄三遍。但是,处罚的目的是为了教育,处罚之后更多的要给予帮助,一方面指导他回家如何进行时间规划,如何克服家庭环境的影响;另一方面,从家长那里做工作。

### 4. 寻找机会,正面表扬

表扬是甜蜜的鞭子,可以促进学生向着更好的方向发展。对于小白,一方面,我努力去发掘他的闪光点,如上课积极回答,热爱劳动,与同学友善相处,进行正面表扬,树立他在班级的正面形象,培养自信,从而愿意发自内心地把自己变得更好。另一方面,在学习上,只要发现他当天的家庭作业及时完成,就给予多种方式表扬:私下表扬、公开表扬或者物质奖励等,让他感受到自己努力获得进步的学习愉悦感。

### 5. 借助团队,集体教育

学生生活在集体中,渴望得到集体的认可,具有归属感,也需要伙伴,得到交往的幸福感。那么,借助这样的情感需求,也可以促进他们为了集体,为了朋友而进行自我教育和自我约束。集体就是良好的教育工具,同伴也是有效的教育力量。我在班级划分学习小组,成立兴趣俱乐部,让小白融入到各个团体中,一起学习,一起游戏。为了自己的团队,为了和伙伴们快乐游戏,他就会自觉地去提醒自己不能犯错,不能拖小组后腿。

**效果反馈**

无论是与孩子的沟通,还是与家长沟通,最根本的目的是回归于孩子的教育,帮助孩子进步。而在这个进步的过程当中,又是一个彼此成全的过程。

我在每个学生的表扬本上记录着他们每天的进步;利用班级 QQ 群、微信群发送各种表扬信息;我为孩子们撰写表扬信;向家长发喜报……总之,通过各种方法,让家长们看到孩子在学校生活与学习中的进步。同时,鼓励家长在表扬本上记录孩子们在家中的优点和进步,利用学校智慧教育平台为孩子添加"成长积分"。

孩子的进步,见证了家长的进步。孩子的进步,会激发家长在家庭教育上不懈努力。而家长的努力,又能促进孩子不断进步,最终获得更多成长幸福。

我教了小白五年,在这五年里,不能说与家长之间的磨合到了同步、一致、并进的"共育"效果,有过误会、有过冲突,但是至少在孩子的成长过程当中,通过各种方法,都在不断地努力着。五年级的时候,小白的妈妈与爸爸在一起工作了,为了孩子的成长,我建议他们将孩子转学带在身边。一开始,他们误认为我是在推诿。后来经过多次沟通,终于明白了我是为小白好,因为有父母陪伴的孩子才会快乐,才会爱学习。父母是孩子最好的老师、最温暖的港湾。后来,小白跟着爸爸妈妈转到了其他学校。有了父母的陪伴与督促,他作业不再拖拉了,在那里还成了班级优秀学生。学期结束,小白拿到奖状,他的妈妈发信息向我表示感谢,感谢我对小白的不抛弃不放弃。

 **案例反思**

我们在教育教学中,要面对各种各样的学生,而学生背后又是形形色色的家长。像案例中的家长,在孩子学习与成长出现问题时,总是刻意回避,推卸本该承担的教育责任,不会与学校老师相互配合。他们更不会自主自觉地想办法帮助孩子解决问题。但是,我们发现,这样"回避"孩子问题的家长,有的是因为工作忙碌的客观原因,有的是因为家长教育责任意识淡薄,有的是缺乏正确的教育方法,还有的是对造成问题的客观原因无法解决,他们缺乏家庭教育自信。人性本有的"自尊",引发了他们选择"回避"这种自我保护的方法,很少会去积极与老师沟通,甚至利用各种理由回避老师。

遇到这样"难缠"的家长,对于班主任来说也许是"不幸",也许也是一次磨砺,在磨砺中成就学生,也成就自己。作为班主任,在教育工作中不可避免地会遇到各种问题,也不是每个问题都能够立刻解决。优秀的班主任不是慌乱地逃避事情,而是想办法处理事情。我们相信绝大多数父母都爱自己的孩子,希望孩子优秀。那么,这样的"回避"就不是"逃避"了,他们在家庭教育上,需要引导与帮助。关键是,怎样的帮扶才会是他们愿意接受的,才会发挥教育效能的,这是班主任们要且行且思的。

我们都不是神,没有"神力"可以让自己的班级、自己的学生没有一点烦心事。但是,当事情发生的时候,我们可以先端正态度,调整情绪,镇定对待,然后,抽丝剥茧般地去了解原因,寻求方法,努力尝试。举重若轻,轻描淡写,那也是何等潇潇洒洒。

## 4 家长护短,推卸责任——与"护短型"家长的沟通①

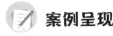 **案例呈现**

小李同学初一开学以来暴露出不少问题。第一个问题是经常讲脏话,

---

① 由南京外国语学校仙林分校丁永撰写。

经常骂同学,老师为此也多次找小李谈话,对其不文明行为进行批评教育。第二个问题是与同学相处时动辄就出手打人,三天与三个同学打架。第三个问题是作业不认真,作业中出现大面积错误和空着不做的现象。我作为班主任老师将此情况逐一与其家长沟通反映,希望家长能够知晓孩子的在校表现,共同对孩子进行教育引导。

然而,家长的态度却让人大跌眼镜,交流问题时几次打断我的话。

对于第一个问题,家长说:"我们家全是文化人、全是文明人,没有一个人讲脏话。你知道这孩子为什么会讲脏话不,我告诉你,就是小学六年级的时候,班上转进来几个小孩,也不知道是农民工的孩子,还是拆迁户的小孩,反正满嘴脏话,我们家儿子就是那个时候给学坏了,唉,我都不能急了,这个小孩的成长环境太重要了,这不,小升初我一定要给孩子选个好学校,选个好环境,这不,孩子还挺争气考到你们学校来了,就为了你们学校环境好。"

对于第二个问题,家长说:"老师说的这几次打架的事情我都知道,我们家儿子回来就跟我讲过了,我也了解了一下,那几个小孩真的是有问题。那个男生用水往我家儿子身上泼,还把作业本都搞坏了,我们家儿子最恨的就是别人把他的学习用品搞坏,所以,他当时就很生气,没控制住自己就打人了。再讲那个女生,总是踩我们家儿子的鞋子,一双新鞋子还没穿几次,给她踩得脏得不像个样子,你说说看,我都想找找那个女生了,我们家儿子也不愿意和老师告状,就自己解决,结果不小心把那个女孩衣服撕坏了,也不是故意的。"

对于第三个问题,家长说:"丁老师,我跟你讲,我们家儿子他就是有点懒,但是他怕狠的,你太温柔了,他小学老师才凶呢,他每天作业乖乖地完成,做得好得很。还有个小建议,丁老师,你作业布置的太少了,他没有压力,觉得你也好说话,下次他要是再做错或者不做,你就把他作业撕掉,让他重写,这样整他一回,他马上就老实。或者不好好写的时候就罚写,让他重写,他肯定好好地完成,我知道,我们家儿子就怕狠角色,丁老师,你对他凶一点,狠一点,没问题的,我们家长大力支持!"

陶行知先生曾说过:"逃避现实的教育不是真教育,真教育必与现实格斗。"案例中的家长既是护短也是逃避现实,在回避自家孩子客观存在的问题,并且把孩子存在的所有问题都归结为别人的原因。作为老师可以改变一个青少年的价值观,但是很难改变一个成年人的价值取向。

这样的家长可以说是一种"护短型"家长,面对这样的护短型家长,我们该怎么办呢?

## 沟通策略

### 一、基本原则

家庭教育是一切教育的基础,学生的健康成长离不开家庭教育、学校教育、社会教育的有效配合。在当今时代,学生学习习惯的培养、学习成绩的提高更是和家庭教育息息相关。在与家长沟通时,我始终秉持四个字的原则——先跟后带。

所谓"先跟",就是建立亲和感,去肯定和配合对方的信念、价值观、规条,运用当事人自己的感知模式去引导当事人的一种方法。

"后带"的时候,则一定首先要让其认可你的观点,提出一个对方最可能回答"是"的建议,慢慢地,让其形成回答"是"的言语习惯,最后你提出的希望和要求就会被对方所接受,对方就被"带"到你所希望的地方。

基于这一原则,交流时我分成了两个半场,上半场主要是听家长说什么,了解家长的需求,体会家长的情感,能设身处地为家长着想,站在家长的角度去看问题,并思考作为班主任如何解决问题。当然,要在充分了解家长的心理需求、学生的基本情况下提供建议和策略,促进家庭教育和学校教育的和谐统一。与家长沟通是班主任和家长的双边活动、双向交流,在沟通时要充分关心学生的情况,充分倾听和理解。

## 二、了解家长态度

面对这样的家长,首先还是要给予必要的尊重——先听他说。

在听家长说的时候,我已经概括出了家长对三种事情的态度:第一,对于自己孩子说脏话这件事,家长觉得是小学时被"农民工同学""拆迁户同学"带坏的。第二,与同学打架这件事,每次的错误都是别的同学,哪怕自己的孩子有过错,也是别人导致的,不能怪他家孩子。第三,作业不做或错误多,觉得老师布置的作业太少了,对于错题应该进行罚写,对于孩子作业中的错误老师多进行惩罚,让老师凶一点,狠一点。

## 三、表明立场

了解家长对三种事情的态度后,我知道没法和他去讲道理,更不能对事情本身去做分析和评价,否则他还会觉得老师偏心了。此时,过程已经无法和家长讲清楚了,能做的事情是告诉他结果。第一,告诉他孩子存在的问题是什么——人际交往困难(或者说障碍)。第二,孩子很快会没有朋友,形单影只。第三,家长如果没有认识到这个问题,将会给孩子带来更多的不利影响。在表达观点时,要态度鲜明、掷地有声。

我了解完家长的态度后,这样回应:

第一,关于孩子讲脏话的问题。我们不去讨论脏话是从哪里学来的,但是,现在出自你家孩子之口,他已然成为脏话的携带者和传播者。对别的同学来说是一种伤害、是一种污染、是一种侵犯,他必须无条件地去改变自己这种行为,改变自己的言语,文明沟通不带脏字。否则,他只会让更多的同学讨厌,不愿意去和他交流沟通,最后他会没有朋友。比如这两天,我看每天中午同学们都是三三两两一起去食堂吃饭,而你家儿子是自己一个人去,一个人吃,一个人回来。(刚才还有点理直气壮的学生家长听我这么一说,气已经泄了一半,发出了唉的一声长叹。)

第二,关于打架的事情。不论每次打架的原因是什么,不论事情的对错是什么,连续打架三天,把一个女生打哭,把一个男生嘴唇打破,肯定有他自己的错误,哪怕这三次打架都是别人的错,但"一个巴掌拍不响,两个巴掌都有过",他或多或少要承担责任。他要改变自己与同学相处的方式,动手打架缺乏解决问题的智慧,是一种野蛮粗鲁的行为,不会受到同学的欢迎。这三天打了三架,目前老师看到的结果是,他这两天每个课间一个人玩,形单影只,独来独往,连体育课都没有同学愿意和他一起踢球。如果他不去改变自己,最后的结果是什么,家长自己可想而知。另外,打架"解决问题"时,万一有所闪失,把同学打伤了,打出问题来了,后果更加不堪设想。

综合以上两个方面的表现,可以说孩子目前存在一个非常严重的问题——人际交往困难,或者说人际交往障碍。作为老师或家长,我们在这个时候不应该把注意力和关注点放在找原因、定责任上面,而是要去教育孩子愿意和同学正常交往,教育孩子学会和同学们交往,这才是我们必须认识清楚的事情,也是我们最需要做的事情。(当我说到这里时,家长已经在点头了,似乎刚刚认识到这一点。)

第三,对于作业中出现的问题,错误多或者空着不做,有两个原因:可能是真的不会,也可能是态度不好偷懒不写。据家长和老师对孩子的了解,他学习能力还不错,这些作业对他来说应该不是问题,可以做出来。那么,出现大面积空白和错误,只能说明是态度问题。(此处既是陈述事实,也是肯定他家孩子的学习能力很好,没有问题。)

所以,我们关于这件事情要达成共识——孩子放学回家后,家长要关注孩子的作业完成情况。在学校老师负责,回了家,家长要负责。老师告知家长,孩子的作业态度不好,但老师绝对不会因此对学生进行处罚甚至变相体罚,撕作业、罚抄、罚写不是老师该做的事情,这样会伤害孩子的自尊。老师能做的是教育、谈话、引导,然后就是反复,反复,再反复。教育不是一蹴而就的事情,是一个慢的过程。教育持续时间越长,可能教育出来的孩子越优秀。打个比方,很多新疆的水果比南方的水果好吃,就是因为新疆日照时间长,教育孩子可能也是这个道理。所以,家长不要把教育孩子当成工业,也不能搞简单粗暴,而是该用心的要用心,该关心的要关心,该陪伴的要陪伴,该教育的要教育。

我接着沟通,说我们不能再用过去的那一套去教育孩子,不能把孩子教育成做题的机器。孩子有他的天性,有他独特的创造力,不能把创造力扼杀在无边无际的题海中;提高学习效率,提高教育效果才是当今时代的需要,更是社会进步的需要。动不动就想着去罚孩子,别说现在有着明令禁止的条款,不准老师这样做,那怕没有,老师也不能这样做。哪个人不要面子,更何况是孩子呢?连最起码的尊重都不给孩子,孩子还能有自己独立的人格吗?你们的这种教育观念急需改变,再这样下去,对孩子的发展极为不利,只会走两个极端,要么过于包庇纵容,要么过于严苛打压。过左,或者过右,都不利于孩子的身心健康发展。

正如叶圣陶先生所说,"教育是农业而不是工业"。意思是说,教育就像农业一样需要一个缓慢的发展过程,需要很长的一段周期,而不能像工业一样批量生产,迅速出炉。常识告诉我们,站在一棵幼苗面前,可以看出它旺盛的长势,却感觉不到它的成长,只有隔一段时间才会发现它的变化;另外,农业生产也是一个比较复杂的过程,农田里的秧苗只有通过施肥、培土、浇水、除草等一系列劳作,才能茁壮成长直至结出丰硕的果实。

这些都说明,秧苗虽小,但也有它自己的成长规律和季节,是不能被随意打乱的。如果为了追求速度而"拔苗助长",那么不但会破坏它的生长周期,影响果实的成熟,甚至到最后颗粒无收。这些都说明,培养孩子也像培养秧苗一样需要耐心。

我最后说,不同的花有不同的花期,有的你看不到开花,但他有朝一日可能会繁花似锦。在教育孩子的过程中,孩子出现问题、犯错误是正常现象,我们应该正确面对,如果连错误都不犯还是孩子吗?孩子的教育过程,也是一个"反复抓、抓反复"的过程。切不可急功近利,一定要有耐心,只要你付出了,一定会等到收获的那一刻。

 **效果反馈**

### 一、家长当场表态

听完我的一番话,家长频频点头,刚开始时的情绪和傲慢一点都没有了,同时,脸上流露出一些尴尬的红,不停地说:

"老师,你说的太对了。"

"老师,你说的太好了。"

"唉呀,老师,今天要不是听你这么分析,我们还真没注意到问题的严重性呢,今天老师帮我们找出了症状,我们回去就对症下药,老师放心。教孩子文化课,我们不行,教孩子与人交往是我们的强项,老师放心,给我们一个月的时间,保证不会让他再出现上述问题,同学关系也绝对不会有问题。至于作业上的问题,我们回去一定盯着他,不给他玩手机,不给他玩游戏。"

## 二、学生的变化

那次沟通之后,这位小李同学就真的发生了巨大的变化。

第一,我在同学之间进行了解:"小李同学最近还讲脏话吗?"同学们的反馈是一致的:"没有!""最近都没有人和他一起玩,他跟谁说脏话啊,没听过!"又过了几天,我看小李身边有了几个同学经常一起去吃饭,我私下里打听:"小李是不是还是爱说脏话?"他们一起摇头,说:"没有啊,他好久没说过脏话了。"又过了一段时间,他身边的同学好像越来越多了,再也没有同学来投诉他说脏话。初中三年,他身边的好朋友还真的不少呢,加上他学习成绩好,平时还有很多同学喜欢问他问题,有很多人把他当作学习上的竞争对手,直到初三毕业,他再也没有和同学打过架。

第二,他的作业每天都有妈妈签字(老师并没有提这个要求),作业写得很认真,字迹也很工整。错误每天会有,但再没有出现过空着题不做的现象了,关键是听课时也变得认真了,像换了个人似的。

第三,他对我很尊重,甚至是喜欢。每次过节他都会给我送祝福、送问候,每次见到我都会腼腆地露出他那不算洁白的两排大门牙和我笑着挥手打招呼。

## 三、家长的变化

第一次和家长见面沟通时,家长其实对我并不是很礼貌,沟通时多次打断我的话,但是,第一次见面沟通之后,孩子妈妈每个月到学校来和我当面沟通了解孩子的学习、生活、人际交往等情况,每一次聊天都很真诚,很有礼貌,很客气,与之前对比,完全像换了个人似的,甚至连我们班的英语老师都问我好几次同一个问题:"丁老师,你是怎么降服了这个小李同学的家长的?"

其实,教育不是谁"降服"了谁,而是相辅相助、扬长避短,争取和谐共育。事情很简单,家长第一次和我见面时,看我很年轻,他一定认为我没有什么工作经验,对孩子的教育亦无更多认识和了解,与我交谈时难免有几分不屑,甚至打断我的话。当我听完他所持的所有观点后,我给出了他所没有预想的结果,把事实摆在他的面前,并且从有利于孩子健康成长的角度去分析问题,所以他很意外。尤其是告诉他孩子的处境时,他自然就明白了,我在为他孩子考虑和着想,以至于我没有给出任何建议,他已经知道该怎么做了,而且做得非常好。

小李同学现在已经毕业了,但他的家长逢年过节还是会给我发来问候和祝福呢。

 **案例反思**

这个案例很典型:第一,这名学生的人际交往和学习态度存在问题;第二,这位家长的教育观念和分析事情的态度存在问题。说白了,孩子可能还可以教育,但家长就不是老师好去教育的了。所以,与家长沟通都很困难。分析这个案例时,也要从学生和家长两个方面去分析,即如何正确引导家长看待孩子的问题,让家长透过表面的现象,看看孩子背后存在的实际问题是什么。

### 一、学生存在的问题——人际交往问题

语言不文明现象、与同学频繁打架都表明一件事情,那就是学生的人际交往有问题,这种问题表现得已经非常明显。一方面,他可能把小学时与同学相处的方式拿来继续使用,就如其家长所说,小学时讲脏话的同学把他家儿子带坏了;另一方面,他可能不知道怎样与同学进行正确的交往、正确的交流、正确的沟通,在他看来,他可能并不觉得自己有错误,有问题。其实,他已经陷入了人际交流障碍的困境,如果继续下去,可能就会与更多的同学

发生矛盾与冲突，最后可能就会没有同学愿意与他相处、与他来往。而此时父母如果不能意识到这点，对孩子来说就失去了最佳的教育时期，这个学生可能就永远不知道他的问题在哪里。

作业中存在的问题很明显是孩子的学习态度问题。放学后家庭作业做成这样，说明他回家后没有认真去做作业，家长也没有去过问他的作业情况，更没有去关注和了解。

## 二、家长存在的问题——盲目护短

每一个孩子都是父母的心头肉，但当孩子出现问题时，作为家长一定要去冷静客观地分析，思考"事件"背后的根源是什么，尤其是类似"事件"连续发生好几起时，不能仅仅停留在表面，更不能一味地护着自己的孩子，把所有的问题都归结于别人家的孩子。此时，如果不去分析背后的原因，就错失对孩子进行教育引导的最佳时期。对于孩子来说，可能错过的不仅是健康的成长，甚至是成长之外的宝贵财富。比如，错失了朋友，错失了同学，错失了集体，甚至错失了未来的无限可能。所以，这个孩子的家长首先是盲目的，并知道孩子身上存在的问题，然后，再把孩子发生的"事件"的责任都推到别的孩子身上，这就是盲目护短，犹如"讳疾忌医"，对自己的孩子是纵容，更是坑害。

对于孩子的作业态度不认真，家长提出的建议"话糙理不糙"，但是，家长有着很明显的推卸责任的嫌疑，不想管孩子的学习和作业，把孩子的作业问题都抛给老师，都指望老师，甚至让老师凶一点、狠一点，这种态度就是典型的家长缺位。

作为班主任，首先要把这两件事情作为重点理清楚，只有理清楚这两件事情，才能去制定接下来和家长谈话的对策，与家长沟通交流的重点是什么，也就一清二楚了。接下来，就是制定"突出重点、突破难点"的策略和方法了。

工作中，班主任肯定会遇到各种各样不同类型的家长，正如我们会遇到各种各样不同类型的学生。不论我们遇到什么样的家长,在沟通时我们秉持"先跟后带"原则,以孩子的健康成长为出发点,我们的沟通一定会成功。

## 5 望子成龙的爸爸——与"专家型"家长的沟通[①]

  案例呈现

### 一、刚接触时的欣喜

我刚来这个乡镇小学工作时,特别不适应,因为大部分家长不是很重视孩子们的学习,而且有很多学生是爷爷奶奶照顾的留守儿童。班级里有个文文静静的小女生小扬,成绩不是很突出,但是她的家长给我的印象很深,每天的作业都签字,每次需要家长配合完成的各级各项活动,小扬都积极参加。对于乡镇学校的班主任来说,有这样认真负责的家长真是难能可贵。

---

① 由南京市江宁区谷里庆兴路小学吴天生撰写。

最让我佩服、感叹的是，有一次科学老师布置了一个参赛作业，作为班主任的我在家长群里积极发动，因为这些参赛作品必须要家长帮忙才能完成，只靠低年级的孩子自己动手根本不行，但是发动半天还是原来那两三个家长参加，其中包括小扬的爸爸。等作品交过来的时候，我都惊呆了，小扬的作品也太棒了。借着作品相关信息需要和家长再次确认，我和小扬爸爸进行交流沟通。在交流过程中，我对作品的完美和精致发出了惊叹，小扬爸爸说，他是高级工程师，这些都是太简单不过了。小扬这个科学作品最终荣获市级大奖，为我班我校赢得了荣誉。

我之前就已经知道小扬妈妈是专业能力很强的会计，小扬的弟弟还没满1岁，小扬妈妈就上职场了。这样我就完全理解了，这对父母对孩子的学习很重视，而且本身也特别优秀。我为我们班拥有这对优秀又低调的家长而欣喜。

## 二、再接触时的苦恼

小扬的学习在一年级还是可以的，因为那时候学习任务不重，很多知识都是幼小衔接学习过的。但是感觉后来越学越吃力，经常在课堂上看到小扬打瞌睡。我电话联系到小扬的妈妈，才知道孩子每天晚上的作业需要写到十点甚至十一点。我表示很不理解，因为作业并不是很多啊，肯定有别的原因。小扬妈妈说孩子在他们下班回家之前都不写作业，非要等到爸爸回家盯着才写，妈妈盯都不听的，只服爸爸一个人管。

后来小扬爸爸主动约我聊聊孩子的学习，他特别生气地说："孩子做作业不认真，数学上很多题目在家都是和她讲解过的，当时都会，一到考试就忘记了，数学考试不是'及格'就是'中等'，就是很好的证明，几乎所有的题目我都在家里讲过的。"我表示理解孩子爸爸的气愤，并提到孩子经常在课堂上打瞌睡，孩子爸爸说："那是因为小扬作业做得不好就擦掉重新写耽误了时间，而且每天晚上刷题，我认为刷题是个特别好的学习方法，在我们那个时候,大家都靠刷题成为学霸。"孩子爸爸继续说他以前语文不太好,要不然就考上北大了,后来又因为语文薄弱吃过很多亏,现在感觉女儿遗传了他语文不好这个缺点。其实,何止语文,孩子现在各门学科都跟不上了。小扬爸爸觉得他让女儿和他以前一样学习,他以前是学霸,现在怎么女儿成绩跟不上呢?唯一的原因就是小扬不认真、不努力学习。对于小扬爸爸这样的教育理念和教育方式我感到很苦恼。

### 三、深接触时的焦虑

小扬的学习状态越来越令人担忧了,到三年级的时候,她上课经常走神,家庭作业交上来确实是全对的,但课堂作业总是出现各种错误,明显是不会做。考试三科都是中等成绩,感觉整个人都有点呆滞了。每一次考完试,小扬爸爸都焦急万分,都在电话里把小扬的各种不是数落一遍。

接着小扬爸爸还对我提出了一些要求。小扬爸爸一再强调孩子上课打瞌睡就应该罚站,在家做试卷都能做到"优秀",一到学校考试就不行,老师不能太仁慈了,多惩罚几次她就不敢了。以前的老师都配有戒尺,现在风气怎么这样了,都不能打学生了。小扬爸爸这样的专制和固执己见让我感到异常焦虑。

 **沟通策略**

### 一、尊重对方,相信自己

每个人都希望别人能尊重自己,特别是这种自身特别优秀,对孩子教育特别自信的"专家型"家长,和他们交流的时候要让他们感受到老师对他们的尊重和认可。现实中,我们老师也要面对这种以"专家型"家长自居的家长,当他们高高在上并强势地站在我们面前的时候,很多老师内心感到胆怯甚至不够自信，所以在交流孩子问题的时候就气短心虚，不够专业、不够自信。但是我们老师要知道，他们也是第一次做父母，可能在教育孩子方面过于自信了，急功近利，用了错误方法。我们要多了解孩子目前的学习和生活状态，清楚家长是如何教育孩子的。我们要相信自己的教育专业性，相信自己在教育上面比这样的"专家型"家长更加科学、更加理性。

小扬爸爸是高级工程师，在他工作的领域是卓越的，他以前学习成绩好，考上了名校，是大家一致崇拜的学霸。这些是不争的事实，我很佩服他，但我是多年的一线班主任，对于教育孩子我相信我更胜于小扬爸爸。通过阅读很多书籍，也找到类似这种高期待高强压教育的例子进行分析研究，加上自己也在兼修心理学，我对和小扬爸爸接下来的交流充满了信心。

### 二、认真倾听，共情交流

刚交流的时候，小扬爸爸还是坚定自己的立场，相信自己教育女儿和以前自己学习的方式一样，他们家长智商又高，又关心并辅导孩子学习，孩子怎么可能学不好。我边听边共情他。交流的时候，先认真倾听他的教育方式，对正确的方法予以肯定。我对小扬爸爸对学习中各项活动的支持予以感谢；对小扬爸爸辅导孩子学习的认真态度予以肯定；对小扬爸爸重视孩子的体育锻炼这一高瞻远瞩的远见表示赞叹。表示理解小扬爸爸对孩子的一些教育行为，也能感同身受到家长在教育孩子过程中出现的苦恼、困惑，让小扬爸爸能愉悦地接受和老师接下来的沟通。

我表扬他是一位负责又用心的家长，工作那么忙还坚持辅导孩子学习。对他让孩子每天早晨坚持跳绳100下大加赞赏，并对在每年的运动会上，孩子参加跳绳比赛为我班争得名次表示感谢。孩子爸爸觉得我认同了他的教育方式，开始不排斥我的言论后，他居然主动说出来自己的纠结和矛盾，说："以前我一直坚信我的教育理念，孩子学习不管不行，多刷题，现在看着小扬好像有点厌学了，我也矛盾了，不知道问题出在哪里了。"

### 三、寻找机会,分析原因

借着小扬爸爸出现自我怀疑、自我矛盾、百思不得其解的时候,我和他一起分析了造成孩子现在这个情况的原因在哪里。

第一,没有足够多的时间陪孩子。家里有两个孩子,经济压力大,平时都是老人照顾孩子,小扬平时上学放学都是校车接送。小扬爸爸妈妈都是业内精英,平时工作特别忙碌,总是没有时间陪孩子,花时间最多的时候也就是晚上辅导学习了,但孩子缺少陪伴,缺少安全感,一有时间就强控制学习反而效果不好了。

第二,对孩子要求高。有时候有些作业写得很好了,但孩子爸爸还是觉得没有做到认真,擦掉重写这个做法可能让孩子排斥学习了。你们父母都很优秀,所以对小扬就高期待,对学习就提了超过她现在能力的要求。孩子达不到,自己也受伤,久而久之,压抑了孩子的天性,她也不会主动学习了。小扬放学回家不写作业非要等到爸爸回家才开始写就是很好的证明。情况更糟的话,可能产生叛逆心理,根本不学习了。

第三,打击孩子。我曾经听小扬说过,一年级的时候期末考试她语数都是优秀,你们狠狠地批评了她,那天她都没有吃晚饭。小扬爸爸解释那次试卷超级简单,根本就应该考满分。说完又觉得自己说得不够充分,又说:"当时好像是骂了她不是学习的料,我们当年一年级哪次不是满分啊,她就是马虎不认真,也不知道像谁。"看着我微笑,小扬爸爸突然意识到自己说得不妥了,挠挠头说:"如果她一直保持优秀也不错噢。"小扬爸爸又"自招"了最近这段时间经常辅导作业的时候对孩子发脾气,说明明讲过很多遍的题,她还错,甚至动手打过几次孩子。我解释说:"你在发脾气有很大情绪的时候,孩子可能在抵抗你的情绪,注意力都不在听题上了,可能大脑一片空白。"孩子在学习的时候经常受到身体暴力和情绪暴力,时间久了孩子就会畏惧学习了。

### 四、提出建议，携手共育

等家长放下戒备心理，认真分析了造成现状的原因后，教师要适时给出一些可行的建议。我就和小扬爸爸讨论了以后辅导孩子学习的方法。我建议小扬爸爸在辅导孩子作业时避免对孩子进行身体暴力和情绪暴力，建议小扬爸爸降低对孩子的期待，平时陪孩子的时候不仅仅为了学习，陪的过程应该要愉悦轻松，等等。这些都是针对小扬的实际情况而提出的。

具体有：

#### 1. 改变家长高高在上的姿态

低下身段从小扬目前实际情况出发，多抽时间陪陪孩子，周末的时候可以带小扬参加户外活动；每天和小扬在一起的时光不要只谈学习，多和孩子聊聊开心的事；每晚9点半之前睡觉，更要把孩子身心健康放在第一位。

#### 2. 给孩子订一个个小目标

在做作业之前就和孩子约定好这次写作业的态度、写作业的时间，有进步就表扬孩子，以前没有约定好做作业规则，最后来擦孩子作业的行为尽量不要发生。孩子如果能拾级而上，轻轻松松，那么孩子能感受到目标就在不远处，就少了些疲惫，多了些信心并积极进取了。另外，完成老师布置的作业就可以了，家里的额外作业停下来。

#### 3. 家长稳定自己的情绪

在辅导孩子作业的时候，如果想发火就默数10下，稳定情绪或者离开孩子一会儿。真无意对孩子发火了，事后也要跟孩子道歉说明原因，尽量不要伤孩子自尊心。

#### 4. 和老师常交流

在学校我们老师也会多加注意小扬的生活和学习状况，家长也要将孩子在家的情况多和老师交流，家校长期联系，家校合作，一起为了孩子有进步、变优秀而努力。

 **效果反馈**

我和小扬的爸爸妈妈经常用微信沟通孩子的学习和生活情况,小扬还如愿以偿地当上了体育委员。这一年小扬变化非常大,最明显的是脸上洋溢着一直不曾有的笑容。最近一次期末考试,语文和数学都考到了良好,只有英语还停留在中等。毕业典礼那天,小扬的爸爸接孩子的时候说,幸好及时醒悟,没有再高压孩子。这次小扬居然和爸爸说,假期要好好复习英语,争取和语文、数学有一样的进步,孩子爸爸很高兴,难得孩子对于学习这么积极主动了,相信孩子未来的生活和学习之旅在爸爸妈妈的陪伴下会越走越顺。

 **案例反思**

每一个孩子来到这个世界上之后,父母都渴望自己的孩子异于常人的优秀。但父母却是这个世界上最奇怪的一种职业,不需要上岗证,也不需要任何技能考核,似乎孩子一出生就理所当然地当了父母。作为教育工作者,我们遇到过各种类型的家长,其中就有以上呈现的这种,即家长自身发展得特别优秀,他们在学业上、专业成长上高高在上,取得了出色的成绩,他们非常自信,但他们在对待孩子的教育上或许不够专业,或许带有片面、狭隘的观点。他们非常负责任地为孩子的未来着想,给孩子们很多物质上的满足、学习上的帮助,费尽心思不让孩子输在起跑线上,可最终却让孩子输在了跑步的过程中,跌倒在终点线之前。

总之,这类家长自己是学霸,工作能力强,也看过不少教育类的书籍,平时积极参加学校各项活动,对孩子各项作业认真辅导,还可以和老师聊教育聊上很久,看起来特别懂教育,像教育专家一样。但是,这类家长偶尔也让老师头疼,他们喜欢和老师聊教育理论,还喜欢干预老师的工作,但是遇到具体问题如何处理,却又束手无策,时不时地拿书本上的理论或者自古以来的一些教育方法来检验老师的教育实践。

面对这样的家长,我们班主任要具有强大的内心,相信自己的知识和能力,勇于和这样的家长沟通。当然,这些还不够,还需要了解和熟知一些心理学知识,这样可以更好地帮助孩子们,更好地与"专家型"家长进行有效的沟通。

## 6 让焦虑归于平和——与"焦虑型"家长的沟通[①]

###  案例呈现

#### 一、一条猝不及防的短信

五年级上学期期末,班级的各项表彰名单产生。就在名单公布的第二天晚上的六点多钟,我的手机突然响起,拿起一看,原来是班长小张的父亲发来的短信:"老师好,打扰您了,我有个不情之请,我们家孩子这学期没有被评选上'三好学生',我们十分惊讶。老师,您是知道的,我们家孩子很优秀,您看是否可以通融一下,给他争取一个名额呢?我们全家将感激不尽。"

看着眼前的短信,想到小张身为班长,平时在各方面表现都还不错,这次落选的主要原因就是学业成绩没能达到参选标准。平日里,小张的父亲少言寡语,性情内敛,甚至跟老师说话都会有些紧张,更不提有麻烦老师的

---

① 由南京外国语学校仙林分校燕子矶校区杨学撰写。

事情了。今天他能发这样要荣誉的短信,相信这一定是他经过深思熟虑所为。我为了安抚小张父亲,立即进行了回复:"小张爸爸,谢谢您的信任,能把您内心的想法直接向我反馈。我非常理解您的心情,但是'三好学生'的评选标准一开学就对所有学生和家长们进行了公布,本次评选也是严格按照标准,经全员投票产生的,这次获奖的名单已经公布,是无法增加的呢。后面,我们一起想办法帮助小张,争取下次能被评上,好吗?"

我的短信发出之后,没多一会,就收到小张父亲的回复:"老师,知道了,谢谢您!我们会好好帮助小张的。"

### 二、深夜一个急促的电话

收到小张父亲要荣誉信息之后的三四个小时里,一切都很平静,本以为问题已经解决。谁知深夜十一点多钟,我正准备休息,一阵急促的电话铃突然响起,电话那头传来小张父亲充满歉意的声音:"老师好,实在不好意思,这么晚还打扰您!我和孩子妈妈思来想去,还是觉得要打这个电话,麻烦您给孩子个'三好学生'的称号,就这一次,一定下不为例。""是的,老师,这次您就想办法给我们一个名额吧!"电话那头传来了小张妈妈近乎哀求的声音。

"小张爸爸妈妈,表彰名单已经公布,是不能随便改动的。"还没等我说完,电话那头的小张妈妈连珠炮似地说:"老师,您知道我们全家都不敢相信这次我家孩子连参评的资格都没有,昨天一听到这个消息,我们夫妻俩整夜都没有睡!您说,这孩子自上小学起年年都是'三好学生',但他这次连参选的资格都没有,这个打击对他来说实在是太大了,他一定受不了。老师,就拜托您了!"小张爸爸也在一旁连连附和。

其实,在公布"三好学生"候选人名单的那天,我意外地发现一向优秀的小张竟然因学业成绩未达标而没有资格参选,也正想约小张的父母面谈找原因,以便更好地帮助孩子。但更让我惊讶的是,一向谦和低调,从不向老师要特殊照顾的小张父母,这次竟然破天荒地开口直接要荣誉。我原本试图在电话中说服小张父母要正确看待荣誉,打消"要荣誉"的念头。但经过半个多小时的劝说,见小张的父母仍坚持自己最初的诉求,于是决定约小张的父母第二天面谈。

### 三、一个需要保守的秘密

小张的父母如约来到学校,我走出办公室迎接,奇怪地发现他们并没有从教室门前的最近路线走,而是绕道来到办公室门口。一见到我,小张的妈妈就拉起我的手,凑到我的耳边神神秘秘地说:"老师,我们刚才有意不从教室门前过,是专门绕道过来的,就是不想让小张看到我们因为他的事来学校找您。您也千万不要告诉小张我们来找过您,您帮我们保守这个秘密,好吗?"我心领神会地微笑着点了点头,便将小张爸爸妈妈领到比较僻静的家长接待室。

从小张父母的一条短信、一个电话、一个秘密,我们可以清晰地看到这是一对焦虑的父母,他们在孩子的一次失误之后便寝食难安,将孩子的一次失误无限放大,让自己走入教育孩子的怪圈。面对这样焦虑的父母,该如何与他们进行沟通呢?我做了以下的尝试,取得了较好的效果。

## 二 家校沟通,案例分享

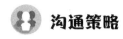
## 沟通策略

### 一、看见焦虑,寻根求源

#### 1. 电话沟通变成当面谈话

美国加州大学心理学教授艾伯特·梅拉比安研究发现,沟通并非只是简单的语言沟通,它应包含55%的视觉沟通,38%的声音沟通,7%的语言沟通。言下之意,语言沟通只占沟通中的一小部分,更多的是非语言沟通。电话沟通,由于沟通的双方看不到对方的微表情与肢体动作,无法准确辨析其声音特点,看不到说者的情绪表现,听者无法针对说者的表现做出正确判断,及时做出调整,这大大降低了沟通的效果。面对如此焦虑的小张父母,我发现在电话中无法解决他们的困扰、沟通无果的时候,果断决定改电话沟通为邀请他们到学校当面谈话。

#### 2. 营造氛围同频共振

沟通的前提是彼此信任,作为班主任的我,首先要给来访者营造一个宽松、充满安全感的氛围,帮助其消除紧张焦虑情绪。我特意选择了一个离教室较远的温馨的家长接待室,先给小张父母倒了两杯热水,再请他们与我呈L形坐下。这样坐有利于我与来访者目光交流,观察他们的微表情和微动作,做出及时恰当的反应。

没等小张父母说话,我首先微笑着说:"小张爸爸妈妈,感谢你们的信任。昨天电话里说你们全家对小张没能入选'三好学生'十分惊讶。其实,当看到入选名单里没有小张的时候,我比你们还感觉到意外。这种意外感其实不止对你们家的孩子有,我们学校有一个领导家的孩子,平时学习成绩和各方面表现都挺不错,但这次也因为有两门功课失误而没有参选资格。她妈妈早上兴奋地告诉我,孩子昨晚已经深刻分析了此次测试失利和不能参选的原因,并有针对性地制定好了自己暑期的学习生活计划。作为学校领导,想给她孩子要个荣誉是不是更容易些?但这位聪明的妈妈根本不愿这么做,因为这次失利正是引导孩子成长的契机,事实证明也是如此。"

我在前一天与小张家长的电话沟通中清晰地感觉到,小张家长希望给小张一个荣誉的请求坚定不移。在气氛缓和后,我"先发制人",在同理与共情中让小张父母看到,对小张的这个结果,不仅是他们感到意外,老师们有同样的感受。其次,用与小张类似的一个孩子的例子,让小张父母看到焦虑的父母并非只有他们,同时看到别的家长在孩子失误后是怎样抓住教育契机引导孩子成长的。在这样同感的同频共振中,让小张的父母看到失利的并非小张一个孩子,焦虑的也并非只有他们全家。面对焦虑采用不同的方法应对将会获得不同的结果,从而愿意看见、接受、缓解自己的焦虑。

### 3. 探寻焦虑根源

著名的英国剧作家威廉·莎士比亚说过,一千个读者,就有一千个哈姆雷特。类似地,一千个焦虑的家庭,就有一千个焦虑的理由。为了找到小张父母真正焦虑的原因,我与小张及其父母作了深入沟通。

(1) 看见小张的焦虑

小张是四年级转入本校的插班生。与小张沟通得知,小张的父母十分重视孩子的教育,原本小张的母亲是一家公司职员,小张出生后,母亲就辞职在家全身心照料小张。小张上小学后就读于离家不远的一所普通小学。1—3年级时小张的学业成绩总是在班级里名列前茅。三年级结束时,为了给小张搭建更好的平台,他的父母决定把他转入我们学校。这所学校是市里数一数二的优秀学校,学校中的学生整体水平都较高。

进入新学校,小张虽然少言寡语,却十分努力。他会积极参加大队委、班长的竞选,同学们也因为他的沉稳、温和、才艺出众给他投上一票。但被选上之后,小张就不知道该做些什么,怎么做。就算老师悉心指导,也是说一点做一点,不说就不会主动做,显得十分被动。在新学校,小张还发现自己的学业水平失去了原有的优势,只能处在班级的中上等水平。为了保持领先地位,他在学习上更加勤奋,却效果不明显,只会偶尔在班级领先,更多情况是与遗憾相伴。小张的妈妈看到小张学业波动得厉害,便常在小张耳边唠叨:"孩子,你学习要用功啊,妈妈为了你辞职在家,你学不好,妈妈怎么向你爸爸交代啊?爸爸妈妈可是花了大力气才把你转到这么优秀的学校的,你好好向优秀的同桌学习,要不然能对得起谁呢?"这时的小张总会十分自责,觉得辜负了妈妈为自己全身心的付出。

起先小张很听妈妈的话,于是更加努力地学习。我们知道学习从来就不是一蹴而就的事情,压力重重的小张虽然全力以赴,但没什么起色,妈妈的唠叨变本加厉。本来就倍感压力的小张,更加心烦意乱,甚至开始怀疑自己的学习能力,反感起妈妈的唠叨。懂事乖巧的小张为了不让父母担心,表面上仍勤奋好学,内心却开始厌学。

"超限效应"告诉我们,如果刺激过多、过强,作用的时间过久,都可能引起接受者的不耐烦,甚至产生逆反的心理。小张母亲由于自身焦虑,唠叨过多,不断给小张负强化刺激,导致本来积极上进的小张,对学习产生懈怠情绪。为了维护自己优秀学生的形象,在平时的每次单元练习前,小张都会把试卷提前做一遍,也总能取得优异的成绩,但小张自己心里最清楚这个成绩的分量。正式考试中,患得患失的小张十分心虚,对自己实力产生怀疑,再加上想取得好成绩的动机过强,常常由于紧张造成考场发挥连连失利。这也应验了心理学中的"詹森效应",小考挺好,大考砸锅。小张就这样在焦虑情绪中备受煎熬。

(2) 看见小张父母的焦虑

小张的父亲是一个公司的高管,对自己的儿子有很高的期待,但由于平时工作忙,照看孩子的任务就完全落在全职妈妈身上。小张妈妈对小张的照顾可谓无微不至。衣食住行上从来不要小张动手。为了让小张赢在起跑线上,自小张上幼儿园起,妈妈就给他报了众多的辅导班、兴趣班。上小学后,妈妈更加重视小张的学业,别人还没学的内容,他已提前学习。小张乖巧,也从不与同伴闹矛盾,上课总能安安静静地在座位上听老师讲课,深受老师和同学的喜爱。由于低年级的学习内容比较简单,再加上小张认真努力,他总能取得不错的成绩。每次听到老师的夸赞,别的家长说小张就是那个"别人家的孩子"时,小张的父母总会无比自豪。

小张父母的情绪由骄傲变得焦虑,是从小张四年级转到我们学校开始的。

焦虑原因一:小张在原来学校学习成绩总能在班级里名列前茅,来到新的班级,在连续的几次练习中,小张的成绩勉强达到中等偏上水平。不善沟通的小张父母难以启齿去请教老师,但又不知道问题出在哪里,怎么帮助孩子,心中只是干着急。

焦虑原因二:小张来到的新学校,各项要求远高于原来的学校,小张明显感受到了前所未有的挑战与压力,虽然没有直接跟爸爸妈妈表露,但细心的母亲发现小张回家没有以前开心了,常常在不经意间皱起眉头,妈妈问他发生什么事情了,小张总说"没什么"。看着小张脸上的笑容越来越少,小张的父母越来越担心。

焦虑原因三:随着年级的升高,越来越多的学习内容需要思维的积极参与,但小张的母亲发现小张十分依赖自己——字不会写了,不愿意自己查字典,张口就问妈妈;数学题不会做了,不愿意思考,就叫妈妈讲给自己听。更"可怕"的是,在平时的数学练习测试中,遇到需要稍微动一下脑筋就能做出来的题目,也因为没有妈妈的帮助就认为做不出来,直接选择放弃。看到如此依赖自己的儿子,小张的母亲焦急万分,担心孩子长大后无法适应社会,不能在社会上立足,她还不断责怪自己越俎代庖得太多,但十多年照料孩子的习惯很难改变,又常陷入深深的苦恼之中。

焦虑原因四:在小张父母的意识中,自己最大的荣耀就是孩子出人头地,而取得荣誉可以证明一个人的价值,获得"三好学生"便是小张优秀的标志。经过不懈努力,小张在四年级两个学期评选"三好学生"时,均为勉强达到分数线入围,最终被评为"三好学生"。但五年级上学期小张因成绩没达到参评资格,直接落选了。小张父母无法接受这个结果,更不能接受小张还不够优秀的事实,所有焦虑都在这一刻爆发,因此就出现了开头小张父母向我要荣誉的情形。

## 二、放下焦虑,直面困难

焦虑情绪的形成并非一朝一夕,当不确定因素不断增多时,主体的焦虑情绪还会加重蔓延。只有放下焦虑,勇敢地直面问题,寻找突破口才能获得提升。在彻底摸清小张父母焦虑的根源后,我开始平心静气地与他们沟通。

### 1. 帮助从了解开始

我向小张父母提出了几个问题:你们知道小张在班上有几个好朋友呢?他们的名字分别叫什么?小张最近有什么特别开心的或者难过的事情吗?……我问出了一连串的问题,小张父母都无法回答。可见,虽然小张母亲对其照料细致入微,实际上并非真正地了解他们的孩子。我与小张父母达成共识,了解孩子是关心帮助孩子的前提,父母要学会跟孩子常沟通,及时了解其思想动态,以便更好地引领孩子成长,遇到困惑注意与老师保持及时互通。

### 2. 理清目标,坦然面对成长

作为父母,究竟想要一个怎样的孩子?怎样才能把他们培养成他们该有的模样?这是他们需要直面的问题。事实上,很多父母并不清楚自己究竟要培养怎样的孩子,常常会因为身边的人怎么做、怎么说就跟着行动,被内卷而迷失自己的方向。

小张的父母就是这种典型的目标不明、焦虑的父母。他们担心孩子成长会遇到困难,于是想方设法为孩子扫清成长中的各种障碍,岂不知小张是个独立的生命个体,他需要足够的自己生长的时间与空间;他们怕孩子不能赢在起跑线上,不管小张的感受报了很多辅导班,岂不知很多无效的辅导班是在消磨孩子的生命;他们害怕失败,担心一次失败会对小张造成不可逆的伤害,岂不知想让孩子坚强就需要适时让孩子经历挫折教育;他们这次向老师要荣誉,岂不知这样带头破坏班级规则将对身为班长的小张带来怎样的负面影响;他们在乎孩子的每一个荣誉,生怕遗漏了哪一个都会对孩子发展不利,岂不知孩子的成长不是为获得荣誉,而是要在脚踏实地中前行,顺其自然地取得荣誉,更何况荣誉也不能代表孩子的全部,老师、同学也不会因为小张没有获得荣誉就不喜欢他,对他另眼相看。

我们说任何一件事都有其两面性,从上面例举的众多相对情景中,小张父母很快就认识到自己的目光短浅,向老师要荣誉更是错误的行为,任何人都不可能代替孩子成长,他们决心从长远角度培养孩子。他们与我约定,作为父母需要正确看待荣誉,给小张足够的个人成长的空间。尊重小张,遇事多与孩子商量,特别是孩子遇到困难时,要直面困难,不逃避,协助其分析问题、解决问题。小张作为生命发展的主体,需要鼓励其不惧挑战、勇敢坚强、乐观自信、独立自主、积极进取,努力成长为全面发展的人。我平常则多关注小张,为小张的成长提供合适的平台,加强对其学习、做事等方面方法的指导。这样,我、小张及其父母目标明确,各司其职,共同为小张的成长助力。至此,小张父母的焦虑才真正地被放下,接下来才会有平和的心态直面事情本身。

## 三、聚焦当下,积极赋能

### 1. 家长给自己赋能

时代在飞速发展,孩子们成长的特点也在随着时代的发展不断变化,父母只有"终身学习",才能跟上孩子发展的步伐。

课间,会看到这样一幕:小张在被同学问及母亲是做什么工作时,孩子常红着脸不愿回答,当有其他同学代为抢答"他妈妈的工作就是负责在家照顾小张"时,小张总会恶狠狠地瞪同学一眼。可见,小张觉得母亲全职在家并不光彩。小张母亲也因长时间全职在家,与社会少有接触,整天除了柴米油盐酱醋茶,就是照料小张,辅导小张五年级的数学题又时常感到力不从心。她常陷入无力、担忧与焦虑中不能自拔。这样的焦虑情绪迅速扩散,不自觉地就会扩散到小张身上。

因此,为了找到心理平衡,练就平和的心态,成长为儿子口中值得骄傲的妈妈,小张母亲积极参加学校家长学校的学习,同时报名进修本科学历,与小张共同学习与成长。自从小张妈妈不断加强自我学习,对孩子的唠叨与指责少了,无厘头的焦虑也渐渐消失了。

### 2. 亲子互动,为成长赋能

困难与挫折是与成长相伴的双胞胎,它们也是成长中最为宝贵的财富。我建议小张父母与小张增加亲子互动,如一起运动,一起做家务,一起看电影,一起亲子阅读,并在互动中充分分享、交流自己的观点与感受,增进亲子间的感情。

另外,我还有意安排小张亲子一起挑战新技能。例如,2020年新冠疫情在全球蔓延,延学宅家期间,小张接受了我布置的一项重要任务——在班级招募合作者,以新闻发布形式拍摄一个"疫情中的逆行者"英雄事迹的介绍视频,用于对全校同学的教育与宣传。对于从没有拍摄过视频的小张及母亲,这可是个极大的挑战,但这难不倒他们。小张母亲带着小张从招募合作者开始,到网上从头学习视频制作方法,再到隔空拍摄,最后一帧一帧地剪辑,完成了不可能完成的任务。由于拍摄出的视频十分精彩,还被我市的一家媒体发表。在这次亲子合作中,小张在母亲的带领下,不惧困难,勇于挑战,收获了成功的喜悦。小张也看到"世上无难事,只怕有心人",在实践中感受到敢于挑战给自己带来的快乐。

### 3. 刻意练习,全面提升

人们常说自信源于强大的实力,实力又从何而来?这就需要当事人刻意练习。小张转入新学校,特别是升入五年级后渐渐怀疑自己的能力,主要是因为他发现自己在一些方面不如别的同学,对自己的弱项没有掌控力。根据"近因效应"得知,小张往往依据当下自己的表现不佳的状况怀疑起自己以前的优势,甚至对自己全盘否定,最终达到崩塌状态。

通过刻意练习,让小张对某一项技能熟能生巧,提升其掌控力,从而不惧怕成长,能在成长型思维中让自己得到不断优化。例如,原先小张妈妈对小张无微不至的关怀,剥夺了小张锻炼的机会。我建议小张妈妈让权,让小张从整理自己的房间开始做家务劳动,为自己服务。同时,作为家庭的成员承担起属于他的那一份责任,让小张在不断练习中学习生活技能,学会独立,提升价值感。

再如,针对小张跳绳较弱的特点,引导小张制定每天练习跳绳的计划,并通过坚持训练学会自我挑战,在看到自己的变化中增强自信,获得成就感,消除畏难情绪。在此基础上,引导小张将这样的刻意练习与成长型思维运用到学习、生活等其他方面,促进各方面能力获得全面提升。小张再也不用担心自己没做好,遮遮掩掩,而是大大方方地积极挑战困难,微笑与阳光渐渐爬上了小张的脸庞。成长来自于对自己一次又一次的挑战,正是在这样扎扎实实的刻意练习中提升胜任力。

为了帮助班长小张克服依赖心理,提升为他人服务的主动意识和能力,我指导小张如何协助老师做好班级管理。渐渐地,班长小张在工作中多了一份积极主动,还能创造性地带领班级同学开展工作,尤其是老师不在的时候能主动进行管理,在伙伴中树立起了较高的威信。

 **效果反馈**

深爱着小张的父母望子成龙,却没有勇气直面小张成长中遇到的挫折,因此,当小张遇到一些挫折后便产生了较为严重的焦虑情绪。在我与小张及其父母多次沟通后,发生了如下的改变。

首先,焦虑情绪得到了较好的缓解。我们知道焦虑源自于对当下表现的不满,或对未知的恐慌。通过与我的沟通,小张的父母不再以当下的得失评判小张的优劣,不再动心思向老师要荣誉,不再与别人家的孩子比,看谁赢在起跑线上,而是把精力聚焦到如何提升孩子的各种技能上。

作为一个成长中的人总有自己的优势或劣势。在我的引导下,小张父母认识到没有十全十美的人,通过回顾、肯定小张优势的同时,也能客观看到其存在的不足,教师和家长恰恰要抓住这样的不足,它将成为孩子成长、自我完善的生长点,成为培养孩子的勇于挑战、独立自主的精神的契机。

其次,拥有发展的眼光和成长的心态。我们说一个人总是在不断发展完善的过程中,想要取得不断的进步就需要拥有积极阳光的成长心态。在沟通交流中,在遇到小张教育困境时,家长要能够静下心来向老师请教,立足当下,勇于直面困难,与孩子共同寻找解决问题的办法,把孩子遇到的问题看成是成长中必要的经历,而不是把小张假想成问题孩子。在一定程度上,小张父母的短视教育变成了着眼于未来的教育,扭转了小张家庭教育中的误区与困境。

再次,终身学习成了坚定不移的信条。学习不是孩子的专利,也是成人需要坚持的自我修行。在小张家,小张针对自己的数学思维、班级管理等弱项进行刻意练习,经过一学期的努力,小张各方面都得到了显著提升,小张也在五年级下学期的"三好学生"的评比中以高票当选,小张用实力说话,为自己赢得了尊严。全职在家的小张妈妈一边照料家庭一边学习,顺利考上了本科,在进修学习期间小张妈妈十分勤奋,成绩优异,活出了属于她自己的精彩。我们说孩子最好的榜样就是家长自己,小张妈妈虽然不像以前那样无微不至地照料小张,但小张从妈妈身上看到了什么叫自我挑战,什么叫积极进取。这些都深深地感染着小张,小张也在妈妈的影响下变得更加独立,更加发奋图强。小张在同学面前还常以妈妈为傲。

##  案例反思

随着内卷时代的到来,人们生活节奏加快,压力加大,焦虑成为许多现代人的情绪底色。家有学龄孩子,家长更容易受到各种焦虑情绪的困扰。与孩子成长相关的任何事情都可以成为他们焦虑的导火索。例如,学校餐厅饭菜的荤素搭配是否营养均衡?今天孩子在学校被老师表扬还是批评了?看着"别人家的孩子",担心自己孩子输在起跑线上,是否也给孩子报各种补习班?哪怕是孩子班级评奖或平常的小测试成绩波动也能掀起滔天巨浪。

事实上,养育孩子的过程总是充斥着大量的不确定。"焦虑型"家长,往往对超出自己认知与能力掌控范围内的事情产生焦虑。出于本能,他们也因无法接受孩子成长中的变化,对孩子的事情大包大揽,包揽得越多孩子的能力就会越弱,家长就越焦虑,这样的恶性循环就会让他们在焦虑情绪的"泥潭"中越陷越深。

与"焦虑型"家长的沟通,作为教师,首先,需要看见并接纳家长这样的情绪,让家长不要以为自己是异类而变得更加焦虑。为了避免"光环效应"或"刻板效应",教师需要拥有好奇的心态探究家长和孩子产生焦虑的原因,重新审视家长、孩子面临的困境,以便接下来对症下药。其次,针对焦虑根源开出"处方",这个"处方"最好是教师和当事人共同协商,找出最佳办法。作为教师,也可以提供多种选择,特别注意不要给结论,也不做任何评判,而是让当事人在权衡利弊后,自己做出抉择,或启发其想出更多更好解决问题的办法。最后,通过榜样示范,让学生对弱项进行有计划、有步骤的刻意练习,全方位提升能力和胜任感,从根源上彻底消除焦虑。

除此之外,引导家长客观认识并勇敢接纳孩子成长中的问题,让他们在心中种下希望的种子,积极展望未来。教师给予家长养育孩子的专业指导,让他们在看到孩子稳步前进中逐步消除焦虑情绪。当然,这需要家校更密切的配合,更需要教师的耐心与智慧。

其实,在我们身边像小张父母这样焦虑的大有人在。殊不知,每一个孩子的成长从来都不是一帆风顺的,他们需要学会勇敢地面对诸多的不确定与挑战,暂时的失利本该就是"成长"应有的模样,父母大可不必刻意为孩子铺就平坦的大道,让他们只能在"光环"的照耀下顺利成长。相反,经历风雨磨砺的孩子才能更加茁壮。

## 7 卸下"完美",走向更美——与"完美型"家长的沟通①

 **案例呈现**

自入学以来,小青同学的学习在班级一直名列前茅,音体美等方面也是全面发展。这样的孩子,毫无疑问是同学们学习的"好榜样",老师们的得力"小助手"。总是收获夸奖和鼓励的小青,应该是快乐开心的。可是步入三年级后,随着科目的增多,课程难度的增加,我常常看到她眉头紧锁,总喜欢一个人闷头看书,课上也很少看到她积极发言。

一次随堂练习,小青由于粗心错了很简单的拼音题。第二天,同学们将订正好的练习收上来,唯独没有小青的。课间,孩子很紧张地走进办公室,低着头,吞吞吐吐地告诉我:"老师,我……我的试卷被妈妈……撕掉了。妈妈让我拿一张新的试卷……带回家重新写。"于是,我把小青拉到跟前,摸了摸她的头说:"试卷老师过会儿再给你,老师想先听你讲讲自己的故事,你愿

---

① 由南京市江宁实验小学高洁(2019年参加工作)撰写。

意跟老师说一说吗?"小青点了点头,在孩子的叙述中,这位妈妈的性格与教育方式在我的脑海中有了初步的印象。不难看出,这是一位非常认真负责的母亲,但也过于追求完美,接受不了孩子任何的粗心、马虎……

当晚,我与孩子妈妈进行了电话沟通,沟通的结果不是很理想。因为第二天,小青还是交上了那份重新完成的练习。看着这张练习,我脑海浮现了这位妈妈昨天说的话:"哪有孩子是真正过目不忘的天才呢?我也是从学生过来的,粗心不就是基础知识掌握得不牢固嘛,一遍不行那就抄一百遍,总会记住的。不瞒您说,课本上的知识假期我都带着孩子学过一遍了,可是您看,她还是错!"

面对这样追求完美的家长,身为班主任的我能做些什么呢?

结合前期与孩子的沟通、与任课老师的交流,我对孩子有了初步的了解,而通过与家长的深入谈话,我对亲子双方有了新的认识。

首先,我了解到了这个孩子从入学开始,每天基本上都是在家长的陪伴下学习。虽然具有较强的学习能力,但是意识上习惯有家长。也正如此,家长给孩子制定了很严格的计划,孩子也能适应,也就是所谓的"温水煮青蛙"。都说一个习惯的养成需要28天,那么,从入学到现在,孩子早就在家长的管理下习惯了每天的辅导和"陪学"。

其次,这位家长文化知识水平较高,有能力帮助孩子完成一些超前的学习。学校的学习对孩子来说,已经是"旧知识"。而家长也会认为,学校的学习某种意义上是知识的"复习"。这样,不仅会让孩子一点点地丧失对学习的兴趣,也会很大程度上造成家长的焦虑。家长很难理解为什么孩子会犯同样的错误,也会越来越追求"完美",见不得孩子的"小瑕疵"。

最后,存在同龄人的比较。从入学到现在,班级里熟悉的不仅仅是同学,还有家长。他们不可避免地会谈到孩子的学习,如"你家学习怎么样啊?""最近挺多人报了××辅导班,你要不要去看看?"等等诸如此类的话题。孩子们在班级里能够看到小青的优秀,班级里很多家长会跟孩子妈妈交流经验。这位家长本身性格较为"好强",这更增加了她的焦虑与担忧,生怕孩子退步。孩子回到家即便是作业完成了,她也会想着给孩子做一些"提升",就怕看到孩子没事儿做的样子。

那么,我是如何实现与这位家长有效沟通的呢?

## 沟通策略

### 一、充分的前期准备

一次不太理想的电话沟通,一份望子成龙的急切心情,一个小心翼翼的眼神……看着小青的上课状态,我决定要与这位母亲约个时间当面交流。为了更全面、更高效地进行交流,在与家长见面前我做了以下几个工作。

**1. 轻松平和地聊天**

由于试卷没能交上去,第一次跟小青的沟通,孩子有些害怕,说话吞吞吐吐,很在意老师的眼光。可是,在沟通之后,我发现小青在课上会时不时地看着我。每当我"护导"时,孩子愿意凑到跟前,与我说上一两句。于是,午饭后,我带着小青去操场上一边散步一边交流。欣喜的是孩子能够信任我,愿意把她的生活与我分享。小青每天都被安排了一定的课后辅导,有的是兴趣班,有的是辅导班,每晚至少到十点才睡觉。除了学校的作业,还有辅导班的作业,妈妈也给孩子布置了一定的作业。工作再忙,回到家妈妈一定会检查孩子作业是否完成。更不要说寒暑假,她都会提前买好下学期的书本,亲自带着孩子学习。那次聊天中,有几处对话让我印象颇为深刻:

"小青,其他同学跟我兑换奖励的时候,大多数都选择了免写卡,你为什么从来不换呢?"

"换礼品就好啦,免写卡带回家后,妈妈还是会让我去写的。"

"你最近很爱看书哦,自习课看你一个劲儿地看书。"

"嗯,我喜欢在学校看书,回到家都没有什么时间看课外书的。"

"那你在学校利用自习课把作业提前写好,回家后不就可以看书了吗?"

"可是,回家后妈妈还是会布置很多任务,在学校写完了回家后要写得更多。"

……

"晚上回去要完成这么多任务,第二天不会没精神吗?早睡早起才能长个子呢!"

"一开始会很困,现在已经习惯了。"

自从入学以来,这位母亲的教育方式一直如此。所以,在整个沟通交流中,我没有听到孩子对母亲的责怪与不满,好像真的是"习惯"了。但是,我渐渐发现孩子对学习的兴趣在降低,好像缺少了些"活力"。

### 2. 与其他任课教师沟通

语文试卷被撕只是意外吗？果然，在一次听写订正中，孩子们只需要订正错的字词即可。可是小青交上来的听写本除了订正，还附带这课所有字词的重新听写。为了更高效地发挥作业的作用，我设置了分层作业。但小青无论是基础字词，还是阅读理解的能力提升都会完成得很"认真"。那其他学科呢？与数学老师沟通后，她与我有一样的想法，认为这位母亲太追求完美了。

"你知道吗？小青的数学作业，不仅正确还特别美观，简直可以当样本！"

"虽然平时我也跟孩子们一再强调做应用题要列好竖式。可是，有些题目还是要培养心算口算的能力的，不能什么题目都列竖式。"

"你看看，这是小青的练习，几乎每道题目都列了竖式。我问过孩子，孩子说是妈妈要求必须这样的，原因就是前段时间孩子错了一道简单的计算题。小青妈妈对孩子真的太'负责'了。"

不可否认，小青的作业质量在班级是数一数二的，工整的书写，整洁的卷面，正确的答案，这些是这位母亲追求的"完美"吗？

### 二、以倾听为主的谈话

大多数家长面对老师，会迫不及待地抱怨一通，一股脑儿地说出自己的苦恼，希望老师立马能够给出建议。但是这位家长不同，她有着自己的教育方式，小青也能够按照她的方式去学习。于是，在谈话开始前，我给家长一些时间让她自己翻阅小青的各科作业。在这个过程中，我观察到家长虽然全程很平静，但是眼神中有着藏不住的认真和专注。看完后，我只提出了一个问题："小青的作业，踏实且优秀，我相信家长平时为孩子付出了很多吧，能简单说一说吗?"面对面交流,不仅是对话,更可以通过眼神、肢体拉近人与人的距离。看完孩子作业后,家长若有所思,开始与我慢慢交流小青自从入学以来的学习经过。整个过程中,家长语气一直很平和。我没有急于提出自己的想法,只是适时地点头、微笑,在孩子学习、生活中的趣事上简单地追问,不时补充一些孩子在学校的表现。渐渐地,我观察到家长表情开始放松,语气也有了一点起伏,不时也能露出点欣喜的笑容。

### 三、心对心的交流

在以听为主的谈话中,家长的态度有了转变,情绪比较放松,也更愿意与老师进行沟通,关于孩子的家长里短也唠了很多。这时,我开始向家长讲述了孩子在学校的表现情况:

"小青的学习能力从来都没有让老师操心过,但是我想跟您简单聊聊孩子的变化。步入三年级以来,我发现小青特别爱看课外书,热爱阅读是好事。可是,有点不分场合,已经有老师反映孩子在课上偷看课外书了。而且,还有件很奇怪的事情,小青的作业质量一向很好,可是速度很慢。我发现孩子一到下课,一点都不愿意碰作业,当堂作业总是最后几个交的。更不要说,孩子很少想要主动利用自习课完成课后家庭作业了。最近,孩子情绪上波动也比较大,与同学相处时,经常容易闹脾气,烦躁……"

在讲述的过程中,家长感到很吃惊也很疑惑,时不时会打断我的谈话。每次中断,我都会耐心地跟她讲述当时的情况,全面客观地分析小青最近的变化。看到家长眉头紧锁、着急的样子。我大概能够猜出,家长很难相信小青在家和在学校居然会判若两人。

## 1. "勿以事小而不为"

正是因为关注到小青试卷丢失这件小事,才能够"牵一发而动全身",观察到孩子身上巨大的变化。于是,我向家长简单分析了班级学生成绩整体情况,接着以语文学科为例,和家长一起分析了孩子的学习状态。重点讨论了孩子平时所做的练习和作业的错题,我和家长在孩子学习能力上得出一个结论——她家孩子的基础知识非常扎实。这时,我告诉家长,字词背诵这些基础题的确需要不断巩固加深印象,可是书读百遍,真的其义自见吗?关键还是在于理解。让孩子抄一百遍"拔、拨",您觉得她真的能分得清吗?如果第一百零一遍,孩子听写"挑拨、拔河"还是错了,崩溃的是家长还是孩子呢?您也是从学生过来的,知道学习要下苦功夫,但也要讲究方法是不是?抄个两三遍是为了让孩子加强记忆,但是不分对错地抄个几十遍,那其实就是无用功呀。别看孩子抄得很认真,其实孩子学习的兴趣已经慢慢流失了。

说到这里,我注意到这位家长不再打断我的谈话,而是沉默了很久,眉心皱得更紧了,欲言又止。

## 2. "肯定"是最好的共情

我告诉家长小青的作文里面有着优美的语句,一些比喻句用得很好。字里行间都看得出家长对孩子的栽培,尤其是这一手漂亮的正楷,不仅是孩子努力的成果,更是家长一如既往的坚持啊。可是孩子在童话创作上,写得有些中规中矩,比起其他孩子好像缺少了些想象力。我赞同家长都对孩子进行一对一的语句指导,但是创作情节上,孩子的思维和成人是不一样的,您看起来奇怪、不解的,其实都是孩子灵感的火花,那些天马行空的都是孩子创造力的体现。说实话,现在的孩子每个周末都很辛苦,"双减"政策实行后,没有补习班了。但是兴趣班还是占据了孩子许多时间。您本就比其他家长用心,很多知识点都是亲力亲为,为孩子量身定制了各种计划。对孩子来说,这样重复劳动,效率低下,还增加了学习负担,降低学习兴趣。而那些空闲时间,不妨就让孩子去书海里畅游。您也清楚,初中、高中的课程更是多得可怕。现在不好好利用时间阅读，后面更没时间。再加上孩子本身就热爱阅读，趁现在孩子自己主动性很强，愿意阅读各类课外书籍，那就一定要把时机抓住了。书籍，是拓展知识面和丰富想象力最好的工具。换个角度，对家长也是一种减压，时时刻刻盯着孩子，焦虑只会越积越多。

这时，眼前的这位妈妈仿佛被戳中了什么，一下子叹了口气。承认自从孩子上了小学后，就感觉时间怎么都不够用。到了三年级后，陪写作业也经常崩溃。因为自己的高要求，对孩子很严格，也很清楚自家孩子比其他小朋友辛苦很多，可是，就是想让孩子再努力一下，变得更优秀。

## 效果反馈

这次的沟通家长认真听我把话说完，不停地点头，眉头渐渐舒展，若有所思，笑着回答了我：

"谢谢老师，孩子让您费心了。实不相瞒，做完学校的作业，我确实会给她布置家里的作业。其实我觉得布置的作业也不多，就是她总是错一些不该错的题目，特别是数学，每天订正给她讲解都要搞好久，语文默写也是。我会学着慢慢放手，不过很多时候我看她效率低我就着急，真的忍不住。现在孩子大了点，也懂事了，能听懂道理了，我也会试着改变，用老师的建议试试看效果。后面我想把自主学习的方法教给她，而不是我带着她学习。谢谢老师，真的很感谢您……"

在一声声的感谢中，我们这次的谈话画上了句号，但是孩子的教育之路漫长且曲折。

案例中的"完美型"家长，在与她后面的沟通中，真的在一点点地改变。当然，最大的变化体现在孩子身上。每次"护导"时，孩子会跟我闲谈上几句,聊的内容都是她看到的有趣的事,跟同学相处时,有说不完的趣事,待人也更和善了。我知道,她在家一定有很多时间去阅读了。上课时,孩子能够积极发言,眼里有光了,小手举得高高的。每次练习,孩子还是会很在乎那个"分数",我会提前给这位家长"打预防针"。不知不觉中,家长能够对孩子放平心态,为孩子的每一次进步欣喜,为孩子的每一次退步鼓劲。就这样,孩子有了成长,家长有了改变,小青和妈妈亲子关系更加融洽,向更好的未来努力。

 **案例反思**

### 一、纵观全体,落到实处,铺好家校共育的"基石"

身为班主任,面对的不是某一个孩子,而是全班所有的孩子。这就需要站在一个较高的位置,洞察每个孩子在班级里的变化。而家长面对的只有自己的孩子,他的所有比较都是纵向的。因此,在教育孩子的时候,只能观察到他的进步与退步。这时,班主任的横向比较,就显得尤为重要。我们要善于利用全局优势,将事实客观、清晰地摆在家长面前。

### 二、适时鼓励,给予肯定,搭好家校共育的"桥梁"

班主任是学生在校期间最重要最直接的管理者,换句话说,就是学生在校时的家长。认清这个身份,教师就会切实履行自己的班主任职责,从而做到与家长共情,设身处地地从家长的角度去考虑问题、解决问题。在相互理解和尊重的基础上,形成共同的教育追求,承担共同的教育责任,采取一致的教育行动。

我第一次与小青妈妈的电话沟通失败的很大原因就是忽视了家长的感受,把自己放在了主导的位置上了,以旁观者的心态去评价家长的教育方式,打电话的目的就是跟家长单方面反映问题,无疑是给家长倒了盆冷水,激起家长的无力感。于是,第二次与家长面谈不再是简单的"汇报",而是对家长教育方式给予适当的肯定,与家长共情,最终才能抓住契机,家长也会萌生合作动机。

所谓的尊重理解,无非就是当家长遇到教育瓶颈时,要本着诚恳的态度给家长提些可行的方法;当家长有自己的设想时,要想方设法地配合,增强他们的自信心;当家长付出努力时,及时鼓励并适时地指导。

### 三、抓住时机,提出建议,注射家校共育的"强心剂"

时机,听起来像是个很摸不透的东西。其实,时机就是家长出现态度转变的时候。案例中,听到家长坦诚地说出自己对孩子过于严格,她的内疚之情溢上了脸庞,还带着些苦恼与无措。此时,我知道这位家长已经想要做些什么改变了。只是家长的教育方式也不是一时半刻就能转变的,孩子也需要一个过渡。最后,我提出了一个建议作为改变的突破口。每天布置一定的学习任务,跟孩子做好约定。只要任务完成,剩下的时间可以做自己愿意的事情。比如,规定的时间是一个小时,但是孩子提前半小时完成了,那剩下的时间就交给孩子自己支配。问题在于家长一定要遵守约定,不要因为自己的焦虑而给孩子一味施压。这样,不仅可以提高效率和对学习的兴趣,孩子也会愿意在学校抓紧自习课的每分每秒。某种程度上,也是在减轻家长负担,还可以增进家庭成员情感亲密度。

### 四、双向反馈,一以贯之,巩固家校共育的"果实"

反馈,不仅是对家校共育效果的"追踪",更是对家校共育效果的"提升"。双向反馈,更能最大程度地维系家校共育的"纽带",是家校共育的"保鲜剂"。这里的双向反馈既指班主任与家长之间的互相沟通,又指利弊两方面的沟通。

## 二 家校沟通,案例分享

在案例的后续发展中,我与小青妈妈进行了多次的交流。当家长做出改变,哪怕孩子只有一点点的变化,我都会及时地鼓励家长与孩子,肯定家长的付出。同时,当孩子出现退步时,我会与家长联系,讨论是否是教育方式或是态度出现了问题。久而久之,家长对老师不仅是刚开始的感激,更是一份信任,愿意配合,愿意一同为孩子的进步而努力。这样,才能让家校共育走得更长久,而不是间歇性的努力、放弃、再努力……最终造成停滞不前的现象。

## 8 倾听、互信、鼓励——与"沉默型"家长的沟通

 **案例呈现**

小辰在课堂上很少主动发言,他说话声音小,看上去缺乏自信,很难融入集体。小辰的父母在家长群体中活跃度也不高,尽管他们能完成学校布置的大部分任务,但从不主动向老师了解孩子的情况,每天让晚托机构接送孩子,很少"现身"。通过与前任班主任沟通了解到,他的父母做小生意,平时工作很忙,一直很少顾及孩子学习。在与小辰妈妈初次电话沟通时,她曾提到,孩子一直是这样的,在校表现并不让人意外。小辰妈妈了解孩子的特点,感到很无奈,但谈话中没有求助的意愿,这样被动的姿态属于"沉默型"家长。"沉默"一旦成为习惯,就会在生活中尽显无疑。以下三个事例呈现了小辰家长在面对困难时不了了之、参与投票时不以为意、在亲子活动中缄口不言的现状。

### 一、迎难而退:这次就算了吧

一次语文课后,我布置了一项实践作业:练习朗诵《古诗二首》,并把朗

---

① 由南京市江宁实验小学施润撰写。

诵的视频上传到班级读书平台,参与"朗读之星"的评选活动。这项作业需要让孩子面对镜头进行录制,这不仅能温习旧知,还能锻炼胆量。最终,有几个孩子迟迟没有上传视频,于是我打电话一一询问。轮到小辰了,小辰妈妈说,他们在家录了好几遍,但孩子太紧张,她和孩子的爸爸不会指导,这次就算了吧。听到回复,我想这样退缩可不行。于是,我建议她先把孩子朗诵的视频单独传给我。很快,视频传过来了,小辰读书一字一顿,感觉很害羞。我用语音回复:"小辰,你的声音很好听,读得也很通顺!如果再注意一下停顿,就更棒了!老师读一遍给你听……"

不一会儿,一条新的视频发来了,原来他又把那首诗读了一遍。紧随视频的,是小辰妈妈发来的一条语音:"老师,谢谢你,他今天朗读时特别配合!"我接着鼓励小辰妈妈,孩子在学习上遇到困难,一定要及时告诉我,大家一起想办法解决。她满口答应,从她的语气中,我听到了一丝激动和信心。而后,我在读书平台上收到小辰的朗读视频,虽然视频里的他还有些怯懦,但已经有了很大进步。

## 二、人云亦云:他穿什么都行

为参加即将到来的校合唱比赛,家委会组织大家订购参赛服装。当晚,家委会在班级群里发起投票,待选的是一套小古装和一套学院装。次日课间,无意间听到小辰和同学聊起,他想选学院装,但妈妈偏要选小古装。于是我上前询问原因,小辰不好意思地说:"因为大家都选那个,我也要选那个。"

当天,我又给小辰妈妈打了一通电话,比起初次聊天,她的语气明显轻松了许多。"小辰妈妈,刚刚我和孩子聊天时,他说昨天想选那套学院装的,但是您不同意,他挺难过的,事情是这样的吗?""老师,我看大多数人选了小古装,我也不好违背大家的意思吧,他穿什么都行的!"听了这话,我先感谢她支持班级的工作;然后耐心地向她分析,这样的做法会让孩子感到失落,觉得自己的想法不受重视；如果父母经常这样为孩子做决定，久而久之，孩子就更不愿意表达自己的观点了，这也会影响亲子关系。当务之急是和孩子好好聊一聊，分享自己的想法，至少应该让孩子理解妈妈，理解这个决定……电话那头传来小辰妈妈应允的声音，带着些许抱歉。那天晚上，我收到了小辰妈妈的信息："老师，我已经和孩子沟通过了，这件事确实是我做得不对，没有考虑孩子的感受，也谢谢你这么关心小辰！"

### 三、迫不得已：给我们一次机会

学期末，班级举办了一次户外亲子活动。活动前，我鼓励小辰，今天有很多有意思的游戏，很期待看到他参加。小辰听了，激动地点点头，他的爸爸也在旁边笑了笑。"加油！"我再次笑着鼓励小辰，他看起来很有信心。终于到了亲子传球的环节，负责主持的家长热情洋溢，号召四个家庭先为大家做示范，孩子们有的主动高高举起手，有的被爸爸妈妈不停地鼓励着举手。我观察到，小辰在座位上也是跃跃欲试，而他的家人坐在座位上，面带微笑，看起来心情愉悦，但没有主动争取的愿望。

在间隔几人的地方，我看到小辰拉着爸爸说了些什么。悄悄走近，小辰正在央求爸爸一起参加，于是爸爸也举起手来。爸爸的目光与我交接之时，我对他微笑示意，希望能给予一些力量。"珊珊妈妈，给我们这边一个机会吧。"我向主持人招手喊话。雪中送炭，为他们争取机会。主持人会意，其他孩子和家长也欢呼着，请他们上台。小辰爸爸和孩子一起走到人群中央，为大家做了示范……过程进行得很顺利，举手投足皆是努力的样子。

### 沟通策略

"沉默型"家长表现出的"沉默"归因于很多方面。或是因自身社会地位、性格引起的自我否定，面对困难常常感到悲观、自卑，进而对教育孩子也产生了消极态度；或是缺乏正确的教育理念，不会正向引导孩子，也发现不了自己的教育误区；或是有"社恐"现象，不敢、不会与老师沟通；或是他们不了解家校合作互助的积极意义，缺乏家校沟通意识，很少向老师寻求帮助，这些问题是教师在沟通过程中要极力解决的。

## 一、互相合作，有效沟通

### 1. 树立合作的意识

很多家长面对孩子出现的问题，选择保持沉默，是因为不知道通过怎样的途径倾诉想法或寻求帮助，因此教师要有意识地向家长宣传家校合作的益处，让其在耳濡目染中，有主动沟通的愿望，与教师达成一致的教育目标，明白自己在家校合作中可以做些什么。同时，为了家校合作的顺利进行，教师还要注意：家校沟通讲求时效，遇到事情主动、及时沟通，才能在第一时间把握问题关键，得到真实有效的反馈，从而拟定进一步的解决办法。在沟通过程中，我向小辰家长普及了帮助改善孩子的行为习惯，促进孩子健康成长需要家校合作等观念，同时也及时交流孩子在校表现。家长根据教师反馈的情况，了解孩子及自己的状态，看到孩子日复一日的变化，逐渐有了合作的意识和信心。

### 2. 重视家长的话语力量

在家校沟通中，教师要注意倾听家长的声音，避免出现家长边缘化。在学期初，我曾与小辰父母进行了多次谈话，给他们留出说话的时间和空间，以趁势追问的方式鼓励他们吐露心声，他们一度觉得保持现状就行，无力改变孩子的样子。但是家长越回避，教师就越要重视；家长越觉得困难，教师就越要多问问为什么。创造尽量多的谈话机会，不仅限于面谈，还可利用网络的手段。当下社交软件应用广泛，通过微信等平台与家长建立联系更加方便，但是，教师也要注意，利用社交软件进行沟通时，"随意说话"会影响沟通效果，而在沟通前制定谈话的计划，预设结果，会更顺利地与家长达成共识。

### 3. 制定有针对性的解决方案

家校沟通的有效性不仅体现在沟通前有目的、有计划,还体现在沟通中有针对性,解决办法有可行性。教师在日常工作中要能根据学生及家长的特点,制定解决方案。面对小辰父母的情况,我首先从个人角度进行鼓励:小辰成绩很好,是很多同学的榜样,大家都很喜欢他,你们要对孩子有信心,更要对自己有信心,你们做事认真,也是孩子的榜样。其次是对他们提出可行的建议:在学习上,帮助孩子建立自信要从小事入手,比如陪伴孩子读书,在他读不通顺的时候给予鼓励,在他不想读的时候,陪他一起坚持下去;在生活中,面对困难,既要鼓励孩子尝试不同的解决办法,又要关注孩子的想法,尊重孩子的观点,让孩子在陪伴和鼓励中获得自尊、自信。然后,从家校共育的立场上予以关怀:如果你们在教育孩子时遇到困难,可以告诉老师,我们一起想办法,一起帮助孩子解决。总之,教师要善于倾听家长的想法,与家长交换对教育的看法,能帮助其树立家校合作的意识和信心,打破沉默的局面,这也为教师进一步开展家校工作定下基调。

## 二、互相信任,保持联系

言语上的鼓励和支持能起到短期的效果,若要家长与孩子真正摆脱"沉默","开朗"起来,还需要付出持之以恒的行动。有时候,沉默并不意味着放任不管,还有很多无奈和期盼。在与小辰父母的谈话中,能感受到他们希望孩子成长得更好,这样的想法可以成为一种动力。

### 1. 建立双向反馈机制

教师在了解孩子存在的问题、家长的期待后,可以进行教师、孩子、家长三方沟通,为孩子量身打造一个计划,这个计划实施起来应该是持续的、鼓励性的,包含家校双方反馈的。在事例中,我接收小辰的朗诵视频,并反馈点评,这样一对一的交流方式,让小辰的朗诵水平有了提升,小辰受到了老师的肯定,很开心,小辰父母也感受到孩子实在的进步,看到了一点"希望",有信心继续陪伴孩子改正。希望既来,便源源不断。我抓住小辰不敢面对镜头这个困难点,和小辰做了一个约定:"每天朗诵一首诗送给老师。"小辰妈妈觉得这给老师增添了负担,但我肯定地告诉她,不用担心,一切为了孩子。于是,约定生效,每个人都能享受它带来的益处。

"约定"是建立彼此默契的纽带,它可以是每天必做一项任务,也可以是每天都要说一句话,或是要养成一个习惯等等。教师在面对实际问题时可以将此方法进行灵活的转换,但不可忽视及时有效的"反馈"——当学生能够积极完成任务时,老师要主动进行口头或物质鼓励。鼓励要具体且有目的性,如"你今天写字很认真,尤其是捺画写得很舒展"会比"你字写得很认真,继续加油"更令人印象深刻。老师指出学生具体的进步或提出建设性的意见时,为学生指明了努力的方向,学生会更具学习的动力。当老师把孩子的学习情况如实反馈给家长时,相信家长也会更积极地配合学校,明确自身责任,做好家庭教育。另外,反馈要避免单向性,教师在鼓励学生、家长的同时,还需引导对方说说内心的想法,让学生、家长都能明确:计划执行得怎么样?有什么困难?有什么期待?有效反馈、了解现状有助于家校紧密联系、互相监督、高效合作。

**2. 创设轻松的沟通情境**

面对"沉默型"家长,老师需要率先俯下身段,推心置腹地谈谈自己的观点,给家长带来安全感,这样沟通会愈来愈顺畅。事例中所呈现的一对一发视频的形式,避免了面对面交流,家长因此放下戒备和压力,更真实地表现自己。

沟通的方式多种多样,教师可以通过班级微信群、家长学校等渠道,以图片、文字或视频的形式向家长展示孩子的课堂学习、活动参与等情况,让家长更直观地了解孩子的状态,了解孩子、老师所付出的努力;或引导家长和孩子把藏在心底的话通过写信、写日记等方式告诉对方,吐露情感,增加彼此的信任感；或以作业评语的形式对学生给予鼓励,侧面对家长进行肯定,如对日记进行评价"你笔下的妈妈工作很辛苦,你真是个善于发现、懂事的好孩子""有爸爸妈妈陪伴的日子,真幸福啊！真是充满爱的一家"。有一次,批改小辰硬笔练习册时,我在旁边批注：字很工整,继续加油！小辰的家长在批语旁回复："老师,我们会加油的！"评语成了一股甘泉,浸润人心,也在一定程度上督促着家长更好地配合教师工作,陪伴孩子成长。

### 三、借力他人,悦纳自我

教师要解决形形色色的家校问题,可以借助许多力量,整合多种教育资源。解决的方式不仅限于定期谈话或就事论事,还可以在具体事件中创造机会,随机生成,不仅限于借助教师、孩子的力量,还可以借助他人的力量。亲子活动是一次改变小辰家长的契机,但何时抛出机会？怎样抛出？又会达到怎样的效果？虽然无法预测,但教师可以多做出一些预设。

#### 1. 未雨绸缪,创造机会

亲子活动的举办不仅是为了增进亲子关系,也是为了家校合作更好地开展。在规划活动时,教师就应该根据班级孩子及家长的特点对活动中可能出现的问题进行预判,想一想：在这场活动中,有没有哪些环节的设置有利于孩子间合作？有利于增进家校关系？平时孩子或家长出现的问题,能不能在这次活动中创造机会,达到缓和？提前做出预设,会让活动顺利而有意义。小辰家长及小辰不自信的问题是我所考虑的,在这次活动中,我需要在一个轻松的氛围下,借机让他们有机会表现自己,认可自己,获得他人肯定,所以我选择了运球活动这一环节,尝试在这个小活动中付出努力。

#### 2. 开发资源,更新观念

从表面看,家长都很支持学校工作,但家校共育不能忽视孩子这一重要角色,一切活动应以促进孩子的发展为目标。小辰妈妈遵从大多数人的意见,做出从众的选择,是担心独树一帜引起不必要的关注,或给班级工作带来麻烦。她放弃发言权是对外界的"示好",但忽略了身边孩子的感受,这是她没有意识到的。在家校沟通中,教师不仅要提醒家长改正错误观念,还要分享切合的教育理念,让家长认识到教育有"法",明白尊重孩子的重要性。

家长的教育背景不同导致育儿理念不同,教师需要对各家庭给予一对一的有关教育理念、教育方法的指导,增强家长的合作意识和积极性,帮助家长树立终身学习理念,了解自己的教育误区,主动弥补不足。教师还可以开发优秀家长资源,鼓励家委会经常举办教育经验分享会,家长们通过同伴学习的方式提高自信,提升家庭教育水平。对于班级中比较"沉默"的家庭,教师还可以组织家长志愿者了解他们的困难,出谋划策,帮助其尽快融入集体,参与到家校共育中来。

### 3. 发现自我,悦纳自我

小辰妈妈常常是带着一种消极态度看待孩子的学习及孩子本身的。她认为,自身文化程度不高是无法辅导孩子的直接原因,"为孩子付出过"等于"完成任务",也为自己找到了逃避困难的理由。面对孩子一直羞于表现的现状,她把这当作孩子固有的特点,疲于寻找解决办法,只能保持沉默。面对这样的情况,老师需要主动应对,帮助他们了解自己,提高自我认同,陪伴孩子克服困难。在户外活动中,小辰很想参加游戏,但爸爸没有争取的意识,此时教师直接对他采取"行动"可能会伤及他的面子,不如巧妙借助外力,借小辰或公众的力量为其加油。他人认同会促进他产生积极的心理暗示,增进自信,事情可能会有改观。

除此之外,教师在日常的生活中,也要善于将小事放大,让家长发现自己及孩子的优点,如表扬孩子上课特别专注,积极举手发言,如夸奖孩子的书写进步,如感谢家长及时完成任务,如夸赞家长最近坚持陪伴孩子阅读,值得敬佩等等。这样既使家长感到自己的孩子被重视,又能增进家长继续陪伴、教育孩子的信心。任何微小的事情放大来看,都会有它存在的意义和价值,教师要多多创造沟通的机会,让家长提高自我认同感,意识到家校互动是一种互相强化的过程,有利于促进孩子的成长。

### 效果反馈

日复一日,小辰的视频有了质的变化,他回答问题时音量变大了,声音也不再颤抖。在我们的陪伴下,他从不敢看镜头到眼神越来越坚定,甚至可以边做动作边诵读了。这个"约定"也使我和小辰家长之间的关系发生了微妙的变化。起初,小辰妈妈碍于面子不愿意发视频,在我的催促下,一日比一日勤快。到后来,发视频之余还会顺便和我聊聊小辰的学习情况,问一些教育的问题,他们渐渐"敢"说话了。人与人之间的信任是日积月累建立起来的,打破"沉默"同样需要日积月累的锻炼,一日接一日的对话为他们提供了舞台,在小辰进步的同时,小辰的家长也在一步步地突破自我、建立自信。

纵观小辰父母的变化,他们渐渐摆脱了"沉默"。如今,每当布置学习任务,他们总能积极地完成,沟通也由被动变为主动。"老师,小辰最近上课状态怎么样?""哪些绘本适合孩子课外阅读?""小辰今天回家有点情绪,他在学校和同学闹矛盾了吗?"常常听到诸如此类的关切询问,我都会耐心地一一回复,感叹他们终于迈出封闭的步伐,为孩子的成长做出努力。与小辰父母讨论孩子的情况,给出建议,一起关注孩子的变化,是家校合作的又一次实践。在这样的努力中,小辰在学校也渐渐变得开朗以来,愿意参与集体讨论,发言的时候声音自信而坚定,在这个班集体中,终于有了他发光发热的身影。

### 案例反思

在班级中,像小辰这样的孩子不少,他们在课堂上不爱发言,集体活动时总是被动加入,排队也喜欢站在边缘地带。班级就像一个社会,脱离集体生活是不利于个性发展的。这一现象值得关注,现象背后是否受到家庭的负面影响,更是需要关注的。在家校沟通中,"沉默"型家长有着共同特点,即尊重学校和老师的工作,服从集体安排,对教育有自己的认识,但保留观点,很少在公众视野中发声,他们以"沉默"的姿态在家长群体中生存,认为这是一种安全的处事原则。教师面对这种类型的家长,首先要通过初步沟通寻找沉默的原因,然后用真心的付出和反馈获得家长的信任,让家长敢于说话,学会沟通,再通过家校合作,用科学的方法帮助孩子解决困难,借多方的力量帮助家长建立自信,才能一步步地打破沉默。这是一场持久战,需要知己知彼,需要不吝啬鼓励与肯定,更需要智慧和耐心。

学校环境和家庭文化常常会影响家长的教育态度,学会倾听家长的声音,知家长心声,想孩子所想,树立各方努力的信心,家校合力,一定能帮助家长摆脱沉默,促进孩子全面发展。

## 9  解读情绪,同理共情——与"抱怨型"家长的沟通[①]

 案例呈现

### 一、凌晨4点的短信

早晨,照例被手机闹铃吵醒,起床,打开手机一看,一个未接来电,一条未读短信。短信是一位家长发的:"张老师,您今天什么时候有时间,我想找您聊一聊?"再看短信时间竟然是半夜4:00发的,未接来电也是他打的,时间显示竟然是半夜3:55。看来是电话没打通,然后发的短信。这么迫不及待

---

① 由南京外国语学校仙林分校张亚伟撰写。

地在半夜发短信、打电话,应该是有重要的事情要说吧。看看我的课程表,选择一个时间段,赶紧联系他。

## 二、面对面的抱怨

9:30下课,我抱着电脑朝办公室走去,他已经站在门口了,脸色铁青。我心中忐忑,不知道是不是自己无意间做了什么不恰当的事情,犯了什么教育错误。但是,一时又想不到最近和他的孩子有什么教育沟通。走廊上人来人往,我带他到了安静的小教室,边走边问:"欣爸爸,怎么了?有什么事吗?"他没有答我,自顾自地坐了下去,同时伸手在自己的包里摸出了一个黑色的手机。我注意到他的手有些颤抖,我心里很是紧张。他把手机打开,翻出一条信息,递到我的眼前。我在想:"坏了,我犯的错误太大,这家长已经不愿意跟我说话了!"联想到各种新闻媒体常常报道的各类家校纠纷事件,我的后背不禁发凉。可是,却又真的想不出什么所以然,只好硬着头皮,读完信息的内容,我先是在心里长舒了一口气,但只是在一瞬间,心里又紧了起来。

信息里写着一个小女孩被同学欺负的过程:"小女孩被宿舍同学H欺负,几年的时间里,每晚都要给H倒洗脚水,帮她打扫卫生,叠被子,洗衣服,

还常常被抢钱、抢饭卡……小女孩觉得活得很压抑,常常会害怕,在夜里哭,甚至常常想要自杀……"

在看信息的过程中,就听到欣爸说:"你们这是一个什么学校,怎么会培养出这样的女恶霸出来,出现这样的事情你们老师都不处理吗?……"

在他的各种抱怨里,我看完信息,我问欣爸爸:"这是?"

因为信息中没有写出姓名,我一时不敢确定是不是我们班那个常常露出腼腆微笑的、可爱的欣。

欣爸爸说,这是他无意间发现的女儿跟心理医生在QQ上聊天的短信,想到女儿常常看不见父母就很紧张地打电话喊爸爸妈妈赶紧回家,想起女儿在家里常常莫名其妙地哭泣,他立刻就崩溃了,思来想去,于是在夜里4点钟打电话给我。

听着欣爸爸的讲述,看着欣爸爸在不知不觉中红红的眼圈,我的心里沉甸甸地,没想到班级里有这么严重的事件,我竟毫不知情。可是,我突然想到欣是位走读生(我们是寄宿制学校)。

"不对啊!欣不是走读吗?她怎么会出现在宿舍里被同学欺负呢?"我问欣爸爸。

"这是小学的事情。"欣爸爸迟疑着说。

"那您这是……"我话未说完。我不知道小学的事情现在拿出来讲是什么意思。

"最近,那个女生又来找她了,抢她的饭卡,乱刷,从来不还钱。"欣爸爸说。

"那个女生是谁,叫什么名字?是我们班的同学吗?"我问。

"那女生叫H,不是我们班的,但就在这个学校,没想到这样的学校也会出现这么恶劣的事情。我想我如果到媒体上曝光的话,学校一定很难堪吧。怪不得我女儿一再要求要转学。"话语中,又开始抱怨了起来,还开始有了些威胁的味道。

## 二 家校沟通，案例分享

### 沟通策略

#### 一、情绪的解读

"孩子遇到这种事您一定很生气，很着急，我十分理解！因为太晚，没有及时接到您的电话，也非常抱歉。不过，我想我们现在迫切要解决的问题是解决孩子遇到的伤害，媒体曝光未必是比较好的选择。况且，这对于事情的解决没有什么大的意义，甚至可能会伤及到你家女儿。说到转学，我觉得也不是现在立刻要做的事，再说转学也不是那么好转的。等我们把事情处理好了，如果孩子还是觉得不适应，或者说受到的伤害还没有消除，我们再谈转学的事情也不迟。"我表达了同情和理解，表达了歉意，同时也委婉地表达了自己的不同意见，告诉他"媒体曝光""转学"并不是最理智的选择。

"听完您的讲述，我觉得可能信息中提到的内容是最为严重的，您能说一下当时是怎么处理的吗？"我问。

"没有处理。当时我和她妈妈都不知道。"欣爸爸说。

我不禁大吃一惊，问："这么严重的事情，你们怎么会不知道？欣不跟你们说吗？"

"问题就出在这里，她什么都不跟我们说。平时我们发现她情绪不好，问她怎么了，她就不说。结果，六年级的时候她就闹着不住校，要回家，我工作也调到了这附近，所以现在就每天走读了。"欣爸爸回答。

"那后来您是怎么知道这些事情的？"我问。

"就是昨天晚上偷偷看她的 QQ 聊天发现的。"欣爸爸说。

我原先想说："当孩子遇到困难的时候首先应该是想到向爸爸妈妈求助，结果欣在小学几年被同学欺负，居然不向你们求助，你们做父母的是不是应该反思一下呢？"但是，话到嘴边我还是咽了下去。改成了："这样吧，我们先去查一查 H 同学是哪个班级的,因为涉及不同的班级,可能需要年级组长出面来协调一下。"毕竟现在不是追责的时候,而应该解决迫在眉睫的问题。

## 二、师生的约定

我找到年级组长杨老师,把事情简单地叙述了一下。杨老师赶紧翻开年级学生名单找到了 H 同学所在的班级,不巧的是,班主任出去开会了。杨老师亲自接待了欣爸爸。

结果,遇到了难题。小学的事情我们不好去追究,毕竟时间久远了,也没有直接的证据。可是所谓最近发生的抢钱、抢饭卡的事情,欣爸爸又说不出时间、地点、数目,不知道是否有目击证人。想要找欣来问问,欣爸爸又说欣受到的伤害太大了,而且欣很胆小,怕吓着她。我们让欣爸爸回家问,欣爸爸说问过很多次了,欣什么都不说。

踌躇了一会,我说:"我来试试吧!"

欣是个体型娇小的女孩子,平时确实什么话都不说,很腼腆。与她沟通,她就冲你微微一笑,什么也不说。即使回答问题也不超过三个字。我不知道这次能不能问出事情缘由。

我走到教室,这时候是自习课,教室里很安静。我想这应该是我们谈话的最好时机了——上课的时候不好谈话,如果把她叫出来,学生会以为她犯了什么错误,下课的时候也不好谈话,人来人往无法深入。这个时候刚刚好,我常常会在自习课喊同学出来交代事情或者谈话、沟通。我把欣叫了出来。

她笑眯眯地跑了出来,一脸狐疑地看着我。

我看着她,想着她爸爸说的:"希望在静悄悄的状态下,不让她知道的状态下处理这件事情,尽可能减少对她的二度伤害。"头脑里翻滚了无数遍话题该从哪里开始,一时想不出来,该怎么迂回呢?但是,我想该来的总要来,该面对的总要面对。

## 二 家校沟通,案例分享

终于下定决心,直接切入话题。

但是,我还是做了一点点铺垫:

"欣,我们在一起共同度过了快两个学期的时光了,老师非常喜欢欣,因为你很懂事,很乖巧,从来不调皮,每天的值日认真做,图书角管理得那么好,为老师分担了很多事情,为班级增添了很多色彩,老师非常感谢你!"欣听着我的话,笑了,有点不好意思,但是没有说话。

"所以老师更觉得很对不起你,没有细致地关心你,没有好好地照顾你。"

"老师,没有!"她有点急促地说。

"但是,老师也有点难过,因为你对老师的信任不够!"我说。

欣有点诧异。

"你是不是认识 H 同学。"我直接问。

"嗯!"提到 H 同学,明显她的表情暗了下去。

"你最近遇到了一些麻烦跟 H 同学有关是吗?你能跟老师说是怎么回事吗?"我问。

她低下头去沉默不语。

"欣,老师想跟你说的是,不管你遇到什么麻烦什么困难,老师都是你坚强的后盾,老师希望能够帮助到你,希望你能够在我们班过得开心、快乐。但是你一定要信任老师,要把自己的困难告诉老师,只有你说出来了,我们才能够了解事情的经过,才能够对症下药,才能让自己避免受到更大的伤害,才能避免相关同学犯下更多的错误,这既是自救,也是救人。"在说话的同时,我轻轻地扶着她的双肩,诚恳地看着她。

……

沉默了很久,她看了看我,目光中有犹豫不决。

我赶紧抓住时机:"怎么了,有点犹豫?不知道是说还是不说?"

她点点头。

"想说的原因是觉得老师说得有道理?"我试着猜测她的意思。

她点头。

"不想说的原因是怕万一老师找到那位同学兴师问罪,她会打击报复?"我继续猜测。

"不全是。"她小声说。

"怕老师或者学校处罚她。"我想起有的孩子常常会在跟我分享一些其他同学的小秘密时,会附带一个条件:"老师,您可千万别找他哦。"

"嗯。"她点点头。孩子有时候总是很善良,即使别人伤害了她,她也不希望对方受到严重的惩罚。

"好,这样老师答应考虑你的要求!那你告诉老师到底发生了什么事?"

好不容易,在一再地保证和鼓励下,欣终于说出了埋藏在她心底的小秘密。果真如她爸爸所说,从小学开始,H同学就开始欺负她,说到难过处,欣流下了眼泪。看着欣柔弱的样子,我心里酸酸的。

轻轻地拥抱她:"你当时怎么不告诉爸爸妈妈呢?"

"我跟爸爸说过,爸爸说不要什么事情都找爸爸妈妈,要学会独立面对生活,自己解决问题,要坚强,所以我就再也没有说过了。"

"那后来呢?"我问。

"后来,我走读了,上初中后也不和她在一个班级,好了很多,但是最近她又来找我了,不过还好,就是用了几次饭卡。"她说。

"那她找你的时候,你为什么不告诉老师呢?"我问。

"老师您太忙了,我怕打扰您。"她说。

"欣,你记住老师再忙,也是在忙你们的事,你们是爸爸妈妈的宝贝,也是老师的宝贝,你们的事就是最大的事,所以,不要担心老师忙,无论遇到什么事,一定要告诉老师,好吗?"

她点点头。

"老师,我想跟您说个事,是我们班级同学的事,我告诉您,您别难为他们好吗?"

"好的。"

原来,欣不仅被 H 同学欺负,班级里有三个调皮的男生也老是拿她开玩笑,常常嘲笑、讽刺她。而她最近就是因为这些被困扰,导致情绪十分低落。

知道情况后,我先安抚了一下她的情绪,然后说:"欣,谢谢你愿意跟老师分享你的烦恼,老师一定会尽最大的力量去帮你,这里老师想和你进行一个约定,以后不论遇到什么事情都一定不要选择一个人默默承受,你要讲给老师听,或者讲给爸爸妈妈听,好吗?"

欣很认真地点点头。

### 三、事件的处理

然后,我向欣爸爸表达了监管不严的歉意,欣爸爸表示理解。我把班级里的三个男生找出来进行沟通教育,三个男生认识到自己的错误,向欣道了歉,并向欣表示一定不会再出现类似的错误并诚恳地向欣爸爸道了歉。欣爸爸不仅没有责怪我,反而很热忱地表示感谢,感谢我能让孩子表达自己的情绪,分享自己的心情。他说:"只要孩子愿意说话,我心里就放心一大半了。"说着说着,他的眼圈又红了起来,泪水在打转,真是可怜天下父母心啊。

解决完班级内部的问题,就是解决班级外部的问题。欣简单地讲了一下 H 的问题,但是,对于小学阶段的事情讳莫如深,她不愿提及,每次还没开始,眼泪就落下来。她问我:"老师,提起那段时间的事情,我就很害怕,很难过,我可以不说吗?"

我知道如果追问,她可能会说出来,但是,有可能让她更加痛苦。我选择尊重孩子的意见。同时,我也教了她一些避开 H 的方法,以及如果无法避开应该采取的方式和态度。

离开欣,我找到班级里几个热心、活跃、颇有正义感的女生,以欣性格十分内向为由,要求她们带着她一起玩,我知道只要欣不是一个人,H 就不敢欺负她。

然后，我跟欣爸爸提出一点建议，就是平时要和孩子多沟通，孩子遇到这么严重的问题选择几年隐忍而不求助家长，我们家长是需要反省的。同时，我也把欣说的关于她为什么不向父母倾诉的原因告诉欣爸爸，欣爸爸对自己没有很好地体察孩子而对孩子严格要求，导致孩子发生误解十分后悔，声音几度哽咽。最后表示，一定会在日后多一些时间陪孩子，多一些时间了解孩子。

而那边年级组长也在最短的时间内找到了 H，提出了严正警告。

现在的欣，依然沉默，但是脸上有了笑容，偶尔也会跟我说说悄悄话，一个孩子的性格很难改，但是只要快乐就好。而欣爸爸每次来接她的时候，脸上也浮现出了笑容。

显然，在本案例中，欣爸爸是带着愤怒、心疼的情绪，用曝光学校的偏激想法以表达对学校、对老师的不满的。表面是抱怨，其实是求助。更重要的是，他无法走进孩子的内心，孩子一直隐藏着自己的心事，这让做父亲的很是心疼。这个时候，老师不仅要安抚家长的情绪，要解决孩子面临的校园欺凌问题，更重要的是打开孩子的心结，促进他们的亲子关系。

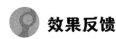

## 效果反馈

### 一、理清了责任区域，稳定了家长的情绪

在本案例中，小欣的绝大部分受欺凌现象发生在小学期间，那个时候孩子已经在心理上出现了问题，只是小欣的爸爸在孩子进入初中才发现问题。可是，家长关心则乱，几乎没有仔细思考就胡乱去问责老师和学校。但是我通过阅读信息和仔细咨询之后，立即以委婉的方式指出孩子问题出现的时段，不经意中提醒家长孩子的问题追根溯源发生在小学，这样才可以让家长

的情绪冷静下来,理性地面对问题。

### 二、给予了足够的理解,让家长更加相信老师,相信学校

我对小欣爸爸其关心则乱的表现给予了足够的理解。陪着他一起调查、找真相,解决问题。不仅如此,班主任老师还找到了小欣心理问题的根源所在。这是给家长触动最大的,也是家长最感激老师的地方。

### 三、孩子的心理问题得到了解决,变得更加快乐和温暖

自从那件事以后,小欣的笑容变得多了起来,人也活泼了起来,能积极参加学校各项活动,是学生会的主要成员,这在以前都是不可想象的。记得后来的教师节,她送给我一份特殊的礼物,那是一本电子相册,相册里都是她亲手拍摄的风景照。相册中有这样一句话:老师我没有什么礼物可以送你,那就用我的眼睛带您看最美的风景。

 **案例反思**

很多家长对孩子关怀备至,可是却没有真正了解孩子。当出现问题,自己又不知道怎么解决的时候,一旦能够关联上学校就会马上去找学校、找老师,抱怨的情绪,强势的问责,其实是教育无措的一种情绪宣泄,这样的情绪就是在释放求助信息。反思上述案例,面对"抱怨型"的家长,要注意以下几点。

### 一、解读情绪是基础

小欣爸爸到校的情绪是十分复杂的,他既愤怒又难过,他其实是想向老师求助,却采取了表达愤怒的方式。如果班主任老师在这个时候,靠着本能的情绪去应对问题,很可能出现不太和谐的局面。因此,正确解读家长情

绪,探知情绪背后的本质问题是十分重要的。其实,家长和老师之所以会发生千丝万缕的联系,之所以会和老师之间有各种或愤怒、或高兴、或难过、或兴奋等情绪碰撞,无非是为了孩子,无非是希望孩子在学校有一个健康、快乐的成长环境。只要我们老师抓住这个本质的问题去解读并理解家长的情绪,就完成了良好沟通最重要的一步。本案例中,小欣爸爸一再说出"转学""曝光"的威胁性话语后,我其实是有本能的反感情绪的,但是我努力尝试着去读懂语言情绪后面的本质问题,控制住了自己的负面情绪,没有本能地进行辩解或者反击。

## 二、同理、共情很重要

孩子遭遇严重欺凌,是任何一个父母都不能容忍的事情,在这种情况下有些言语上的过激是可以理解的。如果我们老师能够换位思考,能够以父母之心去体谅他们的情绪,去理解他们的立场,去帮助他们解决问题,无疑是抚慰他们心情的一剂良药。在这个案例中,我听完小欣爸爸的讲述,另外说了这样一段话:"小欣爸爸,第一,孩子遇到这种事情,您一定很生气,很着急,很想知道发生了什么,想找人倾诉,解决问题。可是,我昨天晚上却没能及时接到您的电话,我表示非常抱歉!第二,孩子受了这么大的委屈,我们做父母的都心里难受,我非常理解,不过这个时候谈转学的事情,是不是不太合适?!就算转学我们也要先把事情处理好不是?!第三,学校也不是说转就转的,选择一所适合孩子教育的学校不是一朝一夕的事情,如果转学的事情没有弄好,这边的问题又没有处理好,可能对孩子伤害更大。第四,当务之急是解决孩子目前面临的问题,本质的问题没有解决,可能转到哪里,对于孩子来说都是一个挥之不去的心理阴影。等我们把问题解决好了,您还是觉得应该将孩子转到其他学校的话,那么,我尊重您的选择……"一番设身处地、推心置腹的谈话,表达了对家长的理解,表达了没有及时接到电话的歉意,也客观地帮助家长分析了问题,这样的同理、共情让小欣的爸爸看到了希望,感受到了温暖。

### 三、及时处理很关键

说得再好,不如做得好,积极行动是有效沟通的另一种形式。稳定好小欣爸爸的情绪,我迅速开始进行问题的调查和处理。经过调查发现,小欣被欺凌的状态主要发生在小学六年,上中学后因为时不时地还会被同一个同学威胁,所以心里充满了恐惧。可是,小欣父母对于小欣小学时候的状态却毫不知情。我遍查年级档案找到了相关同学及其班主任,进行了相关的教育和处理。在处理的过程中,一直沉默的小欣告诉我,之所以没有告诉父母,是因为父母告诉过自己遇到问题不要总是找爸爸妈妈,要学会自己解决。当我把这句令人心疼的话转述给小欣爸爸的时候,小欣爸爸的眼泪不由自主地在眼眶里打转。小欣爸爸看到老师那么积极地处理问题,看到小欣愿意将心里话说出来,对班主任充满了感激。

总之,班主任仔细解读家长情绪,去理解共情,去帮助分析,才能从根本上发现问题所在,才能找到解决问题的方法。

## 10 不行?行!——与"悲观型"家长的沟通①

### 案例呈现

### 一、初次见面的"不行"

2018年9月,大学刚毕业,带着对教育事业的满腔热忱与期待,我担任了一年级的班主任。当看到班级名单上的姓名时,我有一种油然而生的使

---

① 由南京市江宁实验小学王婧秋撰写。

命感和责任感——名单上的46个孩子,就对应46个家庭。开学后的接触中,有一个孩子和她的家庭让我印象颇深。

　　她叫小悦,平时下课就喜欢坐在座位上,望着窗外。有时候有同学找她玩,也不怎么见她露出笑脸,仿佛每天都心事重重的模样,倒不像这般年纪的孩子。

　　和她妈妈初次见面是在新生报到的那天。当时我正在教室里核对已报到的学生名单,只差小悦了,正准备打电话,小悦妈妈来了。她看上去年纪挺大,眼神无光,穿着一身还算整洁的衣服,只见她左手拿着报到资料,右手拎着书包,书包带子看来在地上拖了一路了,脏兮兮的。"老师,我家这个小孩哦,干什么都不行。早上都快到学校了,结果……快点进来!"紧跟着妈妈的小悦怯生生地走进了教室。收费、加班级群……一切进行得还算顺利,可耳边始终是家长的话语:"老师,我家孩子这么小不会被班上同学欺负吧。""小悦,你怎么写自己名字都不行,你还怎么念书啊。""哎呦,真是不知道行不行哦……"相较于其他家长对孩子的鼓励话语,小悦妈妈让我感到了疑惑,这到底是一个怎样的家长?怎么会用这么多"不行"来说自己的孩子呢?她妈妈走后,我摸了摸小悦低下的头,俯下身轻声说道:"孩子,你可以的,去找个你喜欢的座位坐下吧。"

## 二、朗诵比赛的"弃权"

为了庆祝新中国成立 70 周年,学校组织了班级朗诵比赛。为了让每个孩子都有展示、锻炼的机会,同时也想让他们初步感受"竞争",我在班级举行了一场小小的选拔赛。先自己报名,然后上台读课本中指定的一篇课文,最后由老师和同学们共同投票选出四名同学参赛。出乎意料,班级朗诵佼佼者居然是小悦。利用课间,我给他们进行了分工、指导,仔细打磨他们的每一句话、每一个动作。排练中,小悦难得露出了她久违的笑脸,放学的时候她悄悄地告诉我,她很喜欢朗诵,回家一定认真练习。

第二天排练的时候,小悦完全不在状态,总是忘动作忘词。她是个敏感的孩子,所以我把她喊出教室问她是不是遇到困难了。她摇摇头告诉我,老师我没事。出于小悦的状态,放学的时候我准备和她的妈妈沟通一下。还没等到我开口问,她妈妈的口头禅"不行"就来了:"老师啊,我正准备跟你说。不行哦,我家这个哦,学习都不行,我了解她的,她参加的那个什么朗诵肯定也不行。还有朗诵会不会把嗓子弄坏了,不行不行,我们弃权!""小悦朗诵真的很好,你们听过吗?不试试怎么知道行不行呢。"我试着让她对孩子抱有积极乐观的态度。"那也是半桶水的程度,成不了气候。真的不行!我们弃权!"无光的眼神在说"弃权"的时候竟然有了一丝"光"。这个对孩子完全持悲观态度的家长真是让我头疼。

## 三、电话沟通的"绝望"

随着三年级学习的内容量和难度的增加,刚开始一些孩子都存在些许的不适应,这也很正常。但是小悦不仅成绩上下滑得厉害,而且课堂上多次出现睡着的现象,各门学科亮红灯。我觉得有必要跟她家长沟通一下。考虑到她妈妈对孩子的态度,我在沟通的时候非常注意言语,尽量多表扬,客观地陈述现象,力求和家长共同寻找存在问题的原因。这个过程中,小悦妈妈都很安静。在我想和她共同寻找问题的原因时,她开始倾诉了,数落着诸多不是:小悦每天晚上写好多课外资料,周末上补习班,成绩依然上不去,真不是个学习的料子;埋怨小悦爸爸,当初就不应该费了老大的劲进这个学校,孩子从早学到晚,别把身体弄垮了;抱怨自己全部的精力放在孩子身上却看不到一点希望……言语中充满着无奈、悲观、绝望!

### 四、惊心动魄的"失踪"

第一节课上课铃声响了,小悦还没到校,她的家长也没跟我请假。难道迟到了?我拨通了家长的电话,她爸爸一脸惊讶,亲眼看着小悦进校园的,怎么会不在班上?我心慌了,立刻打电话给安全办主任,向他汇报了情况。进校门后难道又出去了?我小跑着在校园里寻找着。一行人一番寻找,最后终于在卫生间里找到了她。正把她带到办公室,她爸爸妈妈也到了。看到小悦找到了,她妈妈紧绷的神经瞬间松下来了,他爸爸倒是很淡定,告诉我,早上小悦做事拖拉,在家批评了她。令我想不到的是,她爸爸竟然把我拉到一旁,忧心忡忡地问这个孩子是不是有问题,才小学三年级,竟然做出这种事。

想着朗诵排练中自信快乐的小悦,再看着眼前低着头默不作声的小悦,我意识到:悲观的家长是孩子成长路上的阻碍,这个阻碍必须化解。

## 沟通策略

苏格兰慈善家汤姆·亨特曾说:"我的生活经历告诉我,对生活持积极态度的人更幸福,事业更有成。"一个对孩子总是抱有悲观态度,表现悲观情绪的父母,孩子也一定会学会悲观。意大利教育家玛利亚·蒙台梭利说:"儿童是一个热情的观察者,他特别容易被成人的行为所吸引,进而模仿它们。这是一种思维的遗传。"

## 二 家校沟通，案例分享

小悦的爸爸妈妈就是这样"悲观型"的家长，一切都往不好的方面想。小悦朗诵排练，担心孩子嗓子会出问题；小悦沉默一点，担心孩子有抑郁症；孩子考不了90分，担心孩子以后在社会上怎么过下去；孩子在谈话中多提到某个异性，便担心孩子会早恋……

孩子长期在这样的情绪中成长，很大可能也会消极对待事情，带着自卑的情结，没有自信，觉得任何事情自己都干不好，都不如别人。当情绪得不到合理释放的时候，甚至就会出现小悦这样"躲起来"的行为。同时，这给家校沟通也带来了不少的麻烦。我坚信，没有问题是解决不了的，所以，针对这种悲观型的家长，我采取了一系列沟通策略。

### 一、了解情况，知己知彼

"悲观型"家长肯定不是生来就是这样的，其背后肯定有其形成的各种原因。就像俗话说的，家家有本难念的经，或许小悦家也有他们的难处。家长对孩子的教育是悲观的，而我却不能悲观。身为教育工作者，对于任何孩子、任何家庭首先要持有一种公正理性的态度，了解情况，知己知彼，才能对症下药。所以，利用开学初的家访活动，我对小悦家进行了家访。

小悦的家庭属于重组家庭，小悦妈妈没什么文化，在一家幼儿园食堂工作，和前夫有一个儿子，这个儿子成绩不错，在读研究生。但可能是对父母的离婚有怨气，自从上大学后鲜少跟母亲联系。现任丈夫也就是小悦爸爸是一名公交车司机，文化程度一般，和前妻也有一个儿子，跟着自己。这个儿子成绩不怎么样，早早毕业就外出找工作了。小悦妈妈在生小悦时属于高龄产妇，孩子又是早产。医生说，早产儿以后各方面可能要比别人弱一点。没有老人的帮扶，小悦的学习生活基本上由妈妈一手抓。

针对我了解到的情况，我分析了让小悦父母有悲观情结的原因。

#### 1. 家庭教育失败的"后遗症"

双方前段婚姻培养出来的孩子，一个不亲近埋怨自己，一个早早毕业外出打工。使得他们在面对这个新生命的教育上充满了不自信。再加上小悦刚出生,医生就告诉他们,早产儿可能能力会比别人差一点。说者无心听者有意,悲观的种子由此埋下。

### 2. 科学教育方法的缺乏

相较于班上其他既年轻又有文化的父母来说,小悦的父母不仅年龄大没有精力适应如今的教育大环境,而且缺乏专业的教育理念指导,缺乏专业的教育方法。想管却缺乏方法,渐渐地对孩子的教育越来越没有自信。

### 3. 家庭教育力量的"一边化"

小悦爸爸是家里的经济支柱,平时上班早出晚归,对小悦的生活都照顾不到更谈不上学习了。妈妈生活学习一把抓,生活上都够呛,负面情绪自然而然就出来了。

## 二、寻找机会,互利互赢

家校沟通,不像数学有固定的公式,它是一门艺术,讲究时机和方法的艺术。我一直坚信,只要我们用心去对待孩子和家长,他们肯定会以同样的心来对待我们。

### 1. 一封家书

利用三年级召开家长会的机会,我充分发挥了学生的作用。首先在家长会召开前,我上了一节关于"感恩"的班会课。这节班会旨在让学生学会感恩父母,感恩身边对自己有帮助的每一个人,做一个让别人感到温暖的人。同时,也是为了之后写一封家书奠定情感氛围,把自己平时羞于表达的爱告诉爸爸妈妈。学生就是家校沟通的润滑剂。当天晚上,许多家长发信息表示感谢,说写信的方式增进了亲子情感。

家长会的那天晚上,居然是小悦的爸爸来了。家长会结束之后,我趁机与小悦爸爸沟通。首先对他来参加家长会表示肯定,说明他对小悦的教育其实还是非常重视的,从内心来说是相信小悦能越来越好的。从他的回应来看,小悦的家书对他有不小的触动,他从来不知道小悦对爸爸妈妈是如此的深爱,他从来不知道小悦多么希望爸爸能经常陪伴自己,他从来不知道小悦对朗诵是如此的热爱。我的"策略"初见成效。

其实,像这种"悲观型"家长,他们大多数情况下是沉浸在自己的主观世界里的。孩子在做什么?孩子会做什么?孩子能做什么?孩子在想什么?……他们是不知道的,或者是根本想不到去了解的。那么,作为教育者,我们就要想办法让这类家长从自己的世界里走出来,走进孩子的内心世界。去听听孩子的想法,了解孩子、走进孩子。

### 2. 表扬信

我坚持每周在班级寻找孩子的闪光点,编辑成表扬信发给家长。"小悦今天扫地非常干净,看来在家也经常帮爸爸妈妈打扫卫生哦。""小悦语文课上朗诵又被表扬了,真棒。""今天有同学流鼻血,小悦第一个过去帮助同学,真是个有爱心的孩子。"……这样的表扬信一封接着一封,小悦妈妈的回复也挺有意思的:"光会扫地有什么用?其他的还不是不行。""谢谢老师平时的指导,不知道有没有用哎。""这孩子就是这样,在家我要是哪里破了,她立马就拿创可贴来了。谢谢老师的表扬。"

作为班主任,在班级管理中我们经常会使用"表扬信"的方式,帮助孩子建立自信。那么,这封"表扬信"为什么不可以发给家长呢?小悦妈妈从刚开始的"不行",逐渐到中立,后来慢慢地对于我的表扬也表示认可。让家长看到孩子的闪光点,其实就是让他们看到了希望,看到了教育积极的一面。

### 3. 家长沙龙会

其实,不光是小悦的父母缺乏专业的教育理念指导,很多家长都或多或少面临着这样的窘境。所以,我充分利用班级微信群,推送一些教育文章,向家长传递科学的教育方法以及正确的教育理念。此外,我还定期开展家长沙龙会——家长与家长之间传授成功的教育方法,或者对于某个共性问题进行探讨。我曾多次邀请小悦家长参加家长沙龙会,不出所料,刚开始他们各种抱怨。但让他们感到惊讶的是，小悦的很多问题竟然是孩子们的共性问题，小悦并不是很特别的那一个。让我感到惊喜的是，小悦父母的教育意识和教育水平在不知不觉中提升了。而且，意外的收获是，家长沙龙会的开展让家长们之间的关系更加和谐，班级氛围更加融洽。

### 效果反馈

反观当初小悦父母的悲观，现在也能从他们口中听到对小悦的夸赞。当我放学送孩子们的时候，从小悦妈妈脸上看到灿烂的笑容的次数越来越多。不过，偶尔在微信上，小悦妈妈还是忍不住和我"担忧"两句："老师，我看小悦那道题用这种写法，您上课是这样说的吗？她不会又开始上课睡觉了吧？！"我总是耐心地跟他们说明情况。当他们遇到教育难题时，适时地给予帮助，提出可行性建议。小悦的爸爸自从参加完家长会之后，也开始慢慢加入到小悦的教育中来。从小悦妈妈的朋友圈中，经常能看到他们一家三口的亲子活动照。还记得一年级刚开学时候的小悦吗？现在可是下课和同学们"打"成一片的乐观姑娘了。她学习上虽然没有突飞猛进的进步，但是也在一直努力着。

我的教育生涯还在继续着，可能以后还会遇到各种各样的家长。不过我坚信，只要心中有希望，脑中想办法，平时多积累，拦路石也会变成垫脚石，悲观会成为乐观，绝望会变成希望。与家长沟通不应该成为一种负担，家校合作不应该仅仅是在履行一种文件精神，一种教育责任，更应该成为我们年轻教师的自我成长机遇。

### 案例反思

有这样一种家长，孩子发愤图强学习，她担心孩子身体会不会出毛病；

孩子和异性多说几句话,她担心孩子是不是早恋;孩子考试成绩优异,她担心孩子会不会是作弊养成了坏习惯……一件事刚开了个头,他们就已经看到了十几二十个可能导致输的负面因素了。在我们想树立孩子的自信,发展他们特长的时候,这样的家长总是会让我们感觉很无力,他们想让孩子成长,但是却常常适得其反。

分析这类家长,我们发现他们大多缺乏教育理念和教育方法,对孩子没有全面客观的认知。那么,在面对这些总是说孩子"不行"的家长时,我们应该怎样和他们进行沟通呢?案例中的沟通方法是有效的一种,但我相信还会有更多更可行的方法可以尝试。对于青年教师来说,这是挑战更是机遇。

# 三　家校沟通，方法艺术

## 1　家校沟通，有规可循

家校沟通，是这些年来教育界一个热门话题，也是班主任工作的一个重要研究课题。我们可以在各类杂志、各个网站上面，看到很多相关文章。结合之前呈现的 10 个案例，我们不难发现，家校沟通是具备可以遵循的原则的。

### 一、目标一致原则

对于孩子的教育，学校老师有自己明确的教育教学目标，家长对于孩子的成长也有着自己的期待目标，在目标上具有差异性。但是，归于孩子本身，一切为了孩子，那么目标的终极性也就形成了一致性：尊重儿童身心发展规律和个体差异，创设适合儿童成长的必要条件，保护儿童各项权利，促进儿童自然、全面、充分、个性发展。

一切家校沟通，都要基于这样的目标一致原则。教师在沟通前，应具有目标意识。比如"与'完美型'家长的沟通"案例中,老师提前设立沟通目标,制定一个家校都认可的目标,对学生、家长、老师都赋予一定的期望。这样,就能明确自己要达到什么教育目标,并通过对目标的分解,把目标分为具体责任,先跟谁沟通,先说什么,后说什么,家庭教育合理分工责任到人,以确保目标的实现。另外,预测可能遇到的异议和争议,有心理准备,就能有效防止老师在沟通的过程中被情绪带偏。

另外,我们也要营造良好的沟通氛围,比如肯定对方的情绪,更多地使用孩子学习生活中的事实描述而非主观判断等。总之,有备而行,建立与维持良好的家校关系,才会取得更好的教育效果。

### 二、理解尊重原则

家校沟通,一定是彼此先拥有同样的情感基础,才可能进行并有教育效果的。在沟通的过程中,沟通的双方是相互依存的。沟通的质量同时受到双方各自的沟通意愿、状态与技巧的影响。沟通的意愿就是一种情感,而最基本的情感就是"理解"与"尊重"。

教师与学生家长在年龄、工作环境、思维方式、教育理念等方面存在差异,很容易产生教育认识上的差异。因此,教师应多站在家长的角度看问题,在沟通前进行自我"三问":如果是我的孩子,我会怎么处理问题?如果我是学生家长,希望老师怎么处理问题?有没有更好的沟通方法?在这样思想准备前提下的沟通,会让家长感受到教师对他的理解与尊重,从而产生温暖感和满足感。

除理解外,老师与家长之间还要彼此尊重,保持平等关系,构筑家校平等和谐的桥梁。在案例中,每一个班主任都意识并遵循着这一原则,管理好自己情绪,摆正摆好自己与家长的位置。教师与家长是教育合作者,一样应该对孩子的成长起教育、引导和示范作用。家长与教师之间不存在身价、地位、经济的高低之分。所以,教师在沟通中,要以真诚与平等的态度对待学生家长,取得他们的信任,争取最好的配合,共同探讨对孩子的最佳教育方法,构建家庭教育支持系统,以完成共同的教育目标。教师决不能因为自己是专业的教育工作者,就以为自己才懂教育,只有自己才对如何教育学生具有发言权,从而觉得高人一等,与家长谈话的时候居高临下,盛气凌人。尤其是不能在孩子出了差错时,轻率地对家长采取训斥的态度,把孩子的错都怪罪到家长的头上。

心理学家马斯洛的需要层次论指出,要善于发现人的闪光点,考虑人的行为背后的心理所需,对它们予以充分肯定或满足,并对人给予及时适当的表扬和鼓励,这样潜在的积极因素就容易激发。因此,教师在和家长的接触过程中,首先要肯定家长在教育孩子方面的成绩以及学生自身的优点,然后再指出孩子存在的问题,并给予实用的教育方法指导,这样家长容易接受,便于教育。

### 三、换位思考原则

很多时候,学校往往把家长看成是教育的对象或者教师的助手,在双方的合作中更注重向家长宣传教育思想,帮助家长树立教育观,要求家长配合和支持教师的工作,而没有把家长看成平等的教育合作伙伴,导致一种单向传输而非双向互动。

要改变这种状况,实现真正的家校合作,就需要老师和家长的沟通在双方心理上架起信赖与理解的桥梁:家长爱自己的孩子,老师同样爱自己的学生,没有爱就没有教育,只要双方多点信任和理解,什么障碍都容易克服。

沟通上没有对与错,只有立场。沟通应该具有双向思维,除了思考自己的感受外,要多站在别人的角度思考别人的感受,不可只顾自己而忽略别人的感受,尽量让对方感到舒适。这一点,我们在"与'冲动型'家长的沟通"案例中可以充分体会到。班主任首先要做到的是了解他人的情况,以便从他人的利害处做到关心他人,多关注他人的困难与状况。家校双方换位思考,才能互相理解,进而进行更好的沟通。班主任应平和倾听家长的诉说,冷静接纳家长的建议,积极回应家长的情绪,适时鼓励家长的努力,理解体谅不同家长、家庭的养育压力和困难,工作中不强人所难,而是根据实际情况提出要求、布置任务。

如果有余力,班主任可以开展基于本班学生家庭实际情况的研究,及时调整家校合作策略,逐步构建个性化、多元化的家校合作模式,互相配合,同步教育,会事半功倍。

### 四、信息互动原则

家校沟通是教师与家长情绪的转移与信息的互动。

很多时候,家校矛盾问题出现的根源在于信息的缺乏或沟通信息不对等。例如,有些老师认为,只要我单方面主动、积极地沟通,和对方进行良好的沟通,就会达到教育预期效果。而事实上,如果教师和家长对孩子问题的理解存在差异,或者关注点不一致,双方在沟通过程中不能做到有效倾听,心不在一处,就很难做到换位思考,双方的沟通可能会不欢而散,达不到彼此的愿望。因此,两者应该在交流中,应耐心、诚信地进行相关信息的互动,更深刻地理解彼此的期望,以及对孩子教育的需要。这样,不仅促进家长与老师彼此理解,还可以使孩子知道父母与老师付出的辛苦。

教师要尊重家长作为教育者的主体地位,与家长共享学校教育的信息,如学校重要活动通知,学校办学理念,学生在学校的学习生活情况;开设开放式课堂,邀请家长进教室、进课堂,观察孩子在课堂上的表现。同时,家长也要尊重老师的劳动成果,不把学校当作评论和批判的对象,将孩子在家中的学习生活信息,与老师进行互动。另外,教师和家长要树立起"终生学习"的观念,不断地学习,促进自身素质提高,彼此相互学习,分享最新的教育理念、科学的教育方法,共同讨论学校和班级工作……这样的信息互动与共享,更能达到协同教育的良好效果。

### 五、适度沟通原则

没有沟通,就不可能有教学和学习。任何事情都讲究"度","度"就是合适。同谁交流?在哪里交流?什么时候交流?交流什么信息及目的是什么?如何交流?都需要"合适"——在合适的时间、合适的地点与合适的人进行合适的沟通,才是最佳的沟通艺术。

这一点,在"与'回避型'家长的沟通"案例中,老师做得尤为出色。她根据学生家庭复杂的情况,在沟通时间、场合、对象、话语上,处理得都很适度。

首先,选择合适的沟通对象。当孩子在学校表现得胆小自卑时,我们更多地选择和父亲进行沟通。孩子的生活能力和自理能力比较欠缺,那母亲是比较合适的沟通对象。

其次,在沟通前,可以通过微信、短信等方式与对方协商,选择不影响彼此工作和生活的合适时间进行沟通。

再次,要创造良好的沟通氛围。在家校合作中建立一种双向互动、和谐愉悦的沟通环境尤为重要。可以选取便于自由平等地沟通交流的自然环境,如学校接待室、学校花园一角等。同时,也要营造彼此尊重与信赖沟通氛围,让彼此获得轻松感。沟通过程中要注重情感的交流,沟通不分职业、身份、经济的差异。教师要将情感融入家校沟通的全过程,用情感沟通,使家长意识到自己在孩子教育中的重要价值,从而激发出一种强烈的教育意识,产生持久的教育热情。

最后,在沟通中班主任要学会管理和控制自己的情绪,努力保持冷静、理性,避免在公众场所对家长进行批评、指责,以免激化矛盾,破坏家校和谐关系。要注意采取因人而异的沟通方式,谈话要讲究语气,与家长沟通时应就事论事,采取正面表达的策略,不要张口就是否定、指责、批评的语句,否则会打破家校双方心平气和解决问题的氛围和目标。在这方面,正面管教理论不仅适用于教师教育学生、家长教育孩子,对家校沟通也有积极作用。

另外,要注意沟通不要涉及隐私话题,如果在交谈中不可避免地涉及这些话题,则不可以直接发问,而应该采用旁敲侧击的方法,婉转提问。

总之,家校沟通不只是语言,当我们不说话时,我们的表情、动作也像无声的传话筒,传递各种信息,有时候一个眼神,一句诙谐话语,一个真诚的微笑……都会让你有意想不到的收获。

## 2 家校沟通,有法可依

家庭与学校是一个人成长过程中的两个重要场所。在促进人的全面发展的教育实践中,家庭的教育功能理应得到应有的重视,家庭与学校并非互不相干,而是密切联系的;不是隔门相望,而是共同参与的。在解决学生问题和促进子女成长的过程中,越来越多的教师和父母选择了合作。班主任作为家校合作的关键人物,除了日常的教学工作、班级管理工作外还肩负着与家庭中的教育者主要是学生父母的沟通工作。

沟通是为了一个特定的目的,人与人之间、人与群体之间,把信息、思想与感情进行传递和反馈的过程。而家校沟通是实现家校协同共育、共谋学生发展的有效途径。实践中,班主任总希望能顺利地进行有效的家校沟通,实现合作,共同促进学生的成长。但现实常不能如我们所愿,常会看到由于家校沟通不畅造成误会,甚至让事情陷入僵局。可见,沟通并非简单的谈话,它是一门艺术。

### 一、家校沟通的积极因素与消极因素

若想实现家校的有效沟通,教育者首先要认清家校沟通的积极因素和消极因素,能够扬长避短,有的放矢地开展家校沟通,将会达到事半功倍的

效果。

**1. 实现家校有效沟通的积极因素**

家长是教师的天然合作者,每个家长都希望自己的孩子好,都愿意与老师合作,助力孩子成长;家长也是家校合作的重要教育资源,很多时候家长自身就是教育资源——他们自身的奋斗,永不言弃的精神,严谨、创新做事的思维方式都是孩子们学习的榜样;家庭是学生成长的重要场所,俗话说,每个孩子身上都有家庭的烙印,家长对孩子的影响有着先天的优势。

**2. 影响家校有效沟通的消极因素**

首先,教育观念上有分歧。从教师层面来说,心里有所顾虑,行动有所保留,虽然2021年教育部颁布了《中小学教育惩戒规则(试行)》,但仍有许多老师缩手缩脚,不敢管或者不愿意管,更谈不上主动跟自己教育观念有分歧的家长进行沟通。从家长层面来说,思想上有顾虑,行为上有障碍,如前面提到的"与'焦虑型'家长的沟通"的案例,正是小张的母亲碍于情面,当小张出现转学不适应、学业水平下降的情况下,没能及时与老师沟通,导致小张及其母亲的焦虑情绪日渐加深。其次,家校沟通在实践中的形式主义过于浓厚。很多学校往往一学期召开一两次集体家长会就算是家校沟通,缺少有针对性的沟通。家长会上往往是教师向家长进行信息的单向传递,少有双向互动,就算家长能够参与学校活动,也是形式参与多于实质参与。最后,家长与教师在沟通交流的时间节点上,随意性多于计划性,甚至急需沟通的情形也因为手头有事安排不过来就取消沟通。

## 二、有效家校沟通的必要准备

**1. 充分的心理准备**

想要实现有效的家校沟通,班主任首先要有开放的心态以及谦和友好的态度,愿意接受不同的声音,还得有广开言路的胸怀及平和虚心的心境。只有这样,班主任才能听到对方真正的心声。其次,当家长出现任何情绪波动的时候，班主任需要具备强大的处理自己和来访家长情绪的能力。只有解决情绪问题，才能顺利地打开沟通的大门。例如，在"与'冲动型'家长的沟通"的案例中，老师面对电话那头愤怒的坤爸的责问，没有立刻给予反驳，而是先安抚坤爸的情绪，表示对坤爸愤怒情绪的理解，然后还主动道歉，表示将会好好彻查此事。正是经过这样的情绪处理，才有了接下来张老师与坤爸心平气和地沟通，最后促成问题的解决。

教育者若想与来访者顺利沟通，除了做好以上的心理准备外，更需要把握说话的精髓——共情。正如托尔斯泰所说，"你不是我，怎知我走过的路，心中的苦与乐"。也如《了不起的盖茨比》中所说，"每逢你想要批评别人的时候，你就要记得，这个世界上并不是人人都拥有你的优越条件"。想要拥有共情能力，就要学会换位思考，要有同理心，让自己成为内心柔软的人，尤其是教育工作者，对于教育对象更要有悲悯之心，这是确保沟通顺利进行的重要心理保障。例如，在"与'抱怨型'家长的沟通"案例中，老师就是通过共情的方式，准确把脉家长情绪，看到家长明明是寻求老师帮助，却表达出了抱怨与威胁的架势，让家长和孩子放下戒备，愿意吐露心声。

### 2. 选择合适的沟通方式

我们经常看到"某某学校某某班的微信群展开了口水大战"这样的媒体报道。可见，不能选择恰当的沟通方式反而会影响到原来良性的沟通。现在是信息时代，班主任可以利用的沟通工具与方式有很多，如家校联系册、电话、微信群、QQ群、腾讯会议等。根据心理学研究，沟通的要素主要包含55%的身体语言、38%的语气语调、7%的口头语言。针对沟通对象、事件的不同，需要班主任选择恰当的沟通方式。根据实践操作来看，如果能在信息交流中解决的问题就运用短信方式解决；如果短信不能解决，就采用电话的方式进行解决；如果电话解决不了的问题就采用面谈方式进行沟通。在"与'焦虑型'家长的沟通"的案例中，老师与学生父母在电话交谈了一段时间后仍无果，老师果断约学生父母到学校面谈，在面谈中老师更全面地了解他们焦虑的根源,并能有的放矢地加以引导,取得了较好的效果。选择合适的沟通方式对提升沟通的效果大有帮助。

### 3. 完备场地和物品准备

我们知道,沟通首要的原则就是尊重,对于点对点面谈的来访者,班主任需要做好一系列的准备,以表示对来访者的尊重。例如,选择一个比较僻静的场地,可以避免沟通被干扰,保护来访者的隐私,也能防止来访者因为身边有来回穿梭的他人转移注意力,不愿吐露心声,阻碍沟通的有效进行。

尊重还表现在诸多方面,如不论是用电话沟通还是面谈,班主任都不要随便插话或打断对方说话,特别是面谈时,班主任要停下手中的事情,眼睛看着对方耐心倾听,并适时做出回应。面谈时,提前摆放好座位的形式,如"与'焦虑型'家长的沟通"案例中所说,需要将面谈的座位摆成"L"形,这样的形状可以确保沟通双方很好地进行眼神交流,让来访者具有安全感,消除不必要的紧张情绪。另外,面谈前,班主任给来访者递上的一杯温水、一把椅子,说上一句寒暄的话都可以让对方感受到尊重和温暖。总之,有了这样沟通前充分的心理和物质的准备,就一定能够顺利、高效地打开沟通的绿色通道。

## 三、不同类型家长的沟通方法

沟通的实践中,作为班主任我们会遇到形形色色类型的家长。本书中就提到我们常遇到的一些家长类型:"回避型""完美型""求助型""悲观型""专家型""沉默型""抱怨型""护短型""冲动型""焦虑型"等。我们说一把钥匙开一把锁,面对不同类型的家长,也需要针对不同家长的特点,讲究沟通的艺术,采用不同的方式进行沟通,才能让沟通成为化解问题的润滑剂,进一步促进家校合作,助力学生的成长。

例如,对与"回避型"家长的沟通,老师十分善于抓住契机,把握火候,用事实说话,引导家长关注孩子成长中的"问题",进而勇于直面问题;在处理问题时恪守"征询性"原则,拉近与家长的心里距离,引导家庭成员也能成为孩子学习的榜样。当然,与这种类型家长的沟通,当发生意见分歧时,班主任也可以用"对比陈述"谈话促进家长自省,达成共识,促成问题的解决。

再如,与"专家型"家长的沟通,老师用自己敏锐的洞察力看见家长的需求,把握住沟通的递进层次,分析家长建议的利弊,引导家长全面、辩证地看待问题。对于这种类型的家长,作为教育者还需要拥有"空杯心态",能虚心倾听,让家长感受到被尊重。在守住底线的前提下,用人格魅力去赢得沟通的主动权,同时借力这样"专家型"家长观点中的闪光点,助力问题的解决。

另外,与"冲动型"家长的沟通,则需要教育者保持冷静,拥有同理心,学会换位思考,让家长感受到你的真诚与关心;避免正面冲突,巧妙"侧面"提醒,让家长静心;不计前嫌,不带偏见,对学生一视同仁,让家长放心。与"焦虑型"家长的沟通,班主任需要把握谈话的主动权,巧妙地将视角引向对孩子当前状态的关注;注意捕捉沟通的融合点,帮助家长解开心结的同时给予具体的指导;找准切入点,发掘孩子的兴趣点,帮助孩子和家长找回自我。与"护短型"家长的沟通,班主任则可以变"谈问题"为"提建议",减少家长的顾虑心理;营造"闲聊式"的对话氛围,引导家长主动地说出心里话;谈话内容及范围扩大到全班及全领域,让家长自己发现由于自己局限而没看到的"问题"。与"完美型"家长的沟通,班主任可以先赞赏孩子的优点,肯定家长教子的辛勤付出;用正确的方式指出孩子的不足,让家长欣然接受建议;还可以创造沟通的契机,让家长认识到问题之后达成教育的共识。与"求助型"家长的沟通,班主任注意杜绝简单问责,需要引导家长深入分析问题的症结;实现家校联手,确立教育新起点,改进指导方法;巩固小进步,提出新目标,帮助孩子重拾信心等。

总之,作为班主任,不论是与哪一种类型的家长沟通,都需要用心、用力、用情,讲求方法与艺术,在目标一致、相互尊重的前提下,通过沟通达成共识,彼此信任,赢得家长的支持与合作,将家庭教育和学校教育有机地联结在一起,才能更有利于培养全面发展的人才,有利于教师自身的发展,才能将学校与家庭建设成适合学生生命成长的生态圈。

# 后记

　　十多年来,一直追随着我生命中的贵人——南京师范大学齐学红教授,学习班主任工作的艺术,我还十分幸运地在齐教授的指导下作为主编编写了班主任方面的读物。

　　这次接到丛书之一《"慧"沟通——家校沟通有讲究》一书的编写任务时,我十分兴奋也充满了期待。因为我又可以在齐教授的引领下,学习更多的班主任管理艺术。另外,作为一个新校区的德育管理者,我正带领着一批年轻的班主任行走在班主任工作的探索之路上。实践中,年轻班主任最大的困扰就是如何与家长进行有效沟通。我相信,在齐教授的指导下,我与伙伴们对家校沟通的多年研究与案例分享,一定可以帮助到更多的年轻班主任。

　　2021年年初,我打电话征询南京市首届德育工作带头人、第三届"南京工匠"陈海宁老师,问她是否愿意参加家校沟通一书的编写,她一口答应。接下来,我们俩就分头开始招募这本书的编写成员。我们特意寻找一线优秀的班主任,期待他们的实践经验能够给年轻的班主任以启发。但凡招募到的老师都是满口答应,并很快充满热情地投入到接下来的编写任务中来。

　　为了让本书更具有系统性和针对性,大家一起梳理家校沟通中存在的热点话题,讨论本书呈现的维度。特别是在呈现的维度上,大家存在着不同的意见:有的老师觉得可以从时间维度讨论家校沟通的问题,有的提出可以按照地点变换的维度展开……但经过几轮讨论下来，大家一致认同按照不同类型的家长进行分类，这样更容易系统地阐述与之沟通的技巧，会更有利于年轻班主任学习和借鉴。编写的大方向与大框架确定以后，编写的老师们就依照板块分头开始编写，这一切进行得都比较顺利。

  大家第一稿完成，交给齐教授和朱建宝编辑审读，他们提了不少意见，如要注意拥有读者意识，站在年轻教师的角度，思考他们的困惑，为他们提供有效且易操作的策略。经过多次修改与打磨，终于成书。

  虽然这本书薄薄的，看起来不如大部头书籍那样给人一种震慑力。但它小巧的背后却凝聚着我们十几个编者的心血，是大家多年实践的智慧结晶。一个个生动的案例贴近一线班主任的工作实际，容易引起年轻班主任的共鸣，指导家校沟通更具针对性、有效性。希望这本书能够帮助到更多年轻的班主任，助力他们成为家校沟通的高手。

杨学<br>2023 年 2 月

图书在版编目(CIP)数据

"慧"沟通:家校沟通有讲究/陈海宁,杨学编著. —上海:复旦大学出版社,2023.4
(随园班主任小丛书/齐学红总主编)
ISBN 978-7-309-16665-1

Ⅰ.①慧… Ⅱ.①陈… ②杨… Ⅲ.①学校教育-合作-家庭教育-研究-中小学 Ⅳ.①G636

中国版本图书馆 CIP 数据核字(2022)第 243077 号

"慧"沟通:家校沟通有讲究
陈海宁 杨 学 编著
责任编辑/朱建宝

复旦大学出版社有限公司出版发行
上海市国权路 579 号 邮编:200433
网址: fupnet@ fudanpress.com http://www.fudanpress.com
门市零售:86-21-65102580 团体订购:86-21-65104505
出版部电话:86-21-65642845
浙江临安曙光印务有限公司

开本 787×1092 1/16 印张 8.5 字数 113 千
2023 年 4 月第 1 版
2023 年 4 月第 1 版第 1 次印刷

ISBN 978-7-309-16665-1/G·2455
定价:35.00 元

如有印装质量问题,请向复旦大学出版社有限公司出版部调换。
版权所有 侵权必究